U0917363

◎京师国际刑事法文库（50）
◎外国刑事法翻译系列之 三十

捷克刑法典

Czech Penal Code

陈志军　译

中国人民公安大学出版社
·北　京·

图书在版编目（CIP）数据

捷克刑法典/陈志军译．—北京：中国人民公安大学出版社，2011.7

（京师国际刑事法文库．外国刑事法翻译系列）

ISBN 978-7-5653-0481-1

Ⅰ．①捷…　Ⅱ．①陈…　Ⅲ．①刑法—法典—捷克　Ⅳ．①D952.44

中国版本图书馆 CIP 数据核字（2011）第 128556 号

捷克刑法典

陈志军　译

出版发行：中国人民公安大学出版社
地　　址：北京市西城区木樨地南里
邮政编码：100038
经　　销：新华书店
印　　刷：北京通天印刷有限责任公司

版　　次：2011 年 7 月第 1 版
印　　次：2011 年 7 月第 1 次
印　　张：8.375
开　　本：880 毫米×1230 毫米　1/32
字　　数：200 千字

书　　号：ISBN 978-7-5653-0481-1
定　　价：27.00 元

网　　址：www.cppsup.com.cn　www.porclub.com.cn
电子邮箱：zbs@cppsup.com　zbs@cppsu.edu.cn

营销中心电话：010-83903254
读者服务部电话（门市）：010-83903257
警官读者俱乐部电话（网购、邮购）：010-83903253
法律图书分社电话：010-83905745

北京师范大学刑事法律科学研究院
京师国际刑事法文库

总　序

20世纪70年代末80年代初以来，为顺应现代社会发展进步的历史潮流，在坚定不移地推行改革开放的基本国策之同时，中国政府尤为注重社会主义法治的建设与发展。随着立法日益健全，司法不断完善，法学欣欣向荣，国家和社会已经步入现代法治的轨道，从而有力地维护和推动了经济、政治、文化乃至整个社会全方位的发展与进步。在中国社会发展进步的历程中，社会主义法治系统必将发挥日益重要的作用。这一系统的发展完善离不开现代法学理论的引导和推动。因此，进一步重视法学研究，尤其是外向型、国际型法学研究，无疑具有长远的战略意义，刑法学领域亦然。

北京师范大学刑事法律科学研究院（以下简称刑科院）是北京师范大学重点建设的专门从事刑事法学研究的中国刑事法学领域首家且目前系唯一的具有独立性、实体性、综合性的新型学术研究机构和研究生培养单位。刑科院立足本国国情，在大力发展中国刑事法学研究的同时，专设国际刑法研究所暨外国刑法与比较刑法研究所，关注国际刑法、外国刑事法、比较刑事法的基础理论研究，并注重对当前国际刑事法理论与实务中热点、难点问题的研究。刑科院国际刑法学、外国刑事法、比较刑事法等外向型研究方面的研究力量，以本单位的教师和博士生为基本队伍，同时聘任、定向联系国内外一些著名大学和研究机构的知名刑事法及国际法专家学者、国际刑事审判机构的法官、联合国暨国际学术研究机构的知名学者。刑科院注重开拓的国际刑法学领域的学术研究范围主要包括：国际刑法的基础理论、国际犯罪、国际刑事审判、国际刑事司法协助与合作等。刑科院力图通过课题研究、学术研讨活动以及同国内外专家、学者和学术机构的学术交流与合作研究等多种渠道、多种形式，努力促进与繁荣我国外向型和国际型刑事法学研究，以适应国家在改革开放中加强刑事法制建设的需要。

“京师国际刑事法文库”，是以开拓和繁荣外向型、国际型刑事法学研究为主旨的一种学术载体形式，与北京师范大学刑事法律科学研究院的“京师刑事法文库”分工不同、相辅相成。本“文库”在广义上理解和包容国际刑事法，拟出版国内外专家学者在国际刑法、比较刑法、外国刑法、比较刑事诉讼法、外国刑事诉讼法等方面的科研成果，可以是专题研究、综合研究，可以是国外法典、著作的译作或介述研究之作，还可以是国内外专家学者的合作研究项目。其中，研究性著作应具有较高的学术水平，译著、介述书籍和工具书、资料书等应具有重要的参考价值。

古人云：“合抱之木，生于毫末；九层之台，起于垒土；千里之行，始于足下。”聚沙成塔，集腋成裘。我们希望能通过文库的形式逐步积累，为我国国际刑法学和其他外向型刑事法学的发展，为法治之昌盛和社会之进步，作出应有的贡献。

是为序。

北京师范大学刑事法律科学研究院

院长　赵秉志教授　谨识

2008 年 12 月修订

College for Criminal Law Science of Beijing Normal University

International Criminal Law Library of BNU

Preface

Since the late 1970s and early 1980s, Chinese government, to be in conformance with the trend of progressive development of modern society, has put a special emphasis on the construction and development of socialist legal system, besides firmly adhering to the principal national policy of reform and opening-up to the foreign countries. Along with the gradual perfection of legislation and judicial practice, legal science thrives and our country and society is stepping to the track of modern rule of law, which further forcefully safeguards and facilitates the development and progress of all fields such as economy, politics, culture and even the whole society. In the course of social development and progress in China, our socialist legal system will certainly play a more and more important role, which, however, is impossible without the legal theory to pilot and drive. In other words, it is of significance of long-term strategy to further reinforce legal science studies (including criminal jurisprudence studies), especially extrovert and international legal studies.

The College for Criminal LawScience of Beijing Normal University (hereinafter The College), founded in August of 2005, is the first and, at present, the only academic research organ in China specializing in criminal jurisprudence that is independent and comprehensive entity and undertakes the mission of educating postgraduates. Basing itself upon the situation of China, The College, in addition to fully developing the studies on Chinese criminal law, specially establishes the Institute for International Criminal Jurisprudence Studies, the Institute for Foreign Criminal Law and the Institute for Comparative Criminal Law, which focuses on constructing the basic theory of international criminal jurisprudence and researching the theoretic and practical hot-topics and difficulties in current international criminal law. The main force of international criminal jurisprudence staffed the College is the professors and doctorate candidates thereof, besides those who are invited as fellow researchers or fellow professors such as famous scholars and specialists engaging in criminal and international law, foreign criminal law and comparative criminal law from the prestigious universities and academic organizations home and abroad, judges from the international criminal judicial agencies and famous scholars from UN and international academic research organizations. With respect to the international criminal jurisprudence, the College opens the main academic fields for research including the basic theory of international criminal jurisprudence, international crimes, international criminal trial, and international judicial assistance in criminal matters ,and so on. The College seeks to facilitate and thrive studies on the extrovert and international criminal law through various channels and programs such as project researches, academic workshops, academic exchange and cooperation with domestic and foreign specialists, scholars and academic organs, so as to meet the requirements of strengthening criminal legal construction in the course of reform and opening up to the foreign countries. International Criminal Law Library of BNU, undertaking different missions from Criminal Jurisprudence Library of BNU but supplementing each other, seeks to exploit and deepen and thrive the academic researches on extrovert and international criminal jurisprudence. With a broad understanding and including of international criminal law, the library consists of the academic achievements by domestic and foreign specialists and scholars on international criminal law, comparative criminal law, foreign criminal law, comparative criminal procedure law and foreign criminal procedure law, which may be of either special topics or general topics in a rather profound academic level, or introduction or translations of foreign literatures and codifications with much value of references, or research projects co-operated by domestic and foreign specialists. As an ancient master said, " A huge tree grows from a tiny seedling; A nine-storey tower begins with a pile of earth; A thousand-li journey begins with the first step ." "Grains of sand piled up make a pagoda; The finest fragments of fox fur, sewn together, will make a robe." Through the program of library, we seek to accumulate academic fruits and develop the international criminal jurisprudence and other extrovert criminal jurisprudence, so as to make our contributions to the prosperity of rule of law and progress of the society.

Prof. Zhao Bingzhi
Dean of College for Criminal Law Science
Beijing Normal University
December 2008

前 言

捷克共和国是欧洲中部的内陆国家。东连斯洛伐克，南接奥地利，北邻波兰，西与德国相邻。公元5世纪至6世纪，斯拉夫人西迁到今天的捷克和斯洛伐克地区，公元623年建立萨摩公国。公元830年成立了大摩拉维亚帝国，成为第一个包括捷克族、斯洛伐克族和其他斯拉夫族在政治上联合聚居在一起的国家。9世纪，捷克和斯洛伐克两个民族同是大摩拉维亚帝国的组成部分。10世纪初，大摩拉维亚帝国解体，捷克人建立了自己独立的国家——捷克公国，12世纪后改称为捷克王国。15世纪（1419—1437年），捷克地区爆发了反对罗马教廷、德意志贵族和封建统治的胡斯革命运动（因为这一运动的领导者是捷克伟大的爱国志士约翰·胡斯而得名）。1620年捷克王国在“三十年战争”(1618—1648年）中失败，沦为哈布斯堡王朝的统治区。1781年废除农奴制。1867年后为奥匈帝国所统治。第一次世界大战后，奥匈帝国瓦解，在人民的要求和捷克资产阶级政治家马萨里克的推动下，于1918年10月28日建立了捷克斯洛伐克共和国。第二次世界大战开始后，德国法西斯头目希特勒利用两个民族之间的矛盾采取“分而治之”的策略，1938年9月，英法两国在慕尼黑会议上出卖捷克斯洛伐克，1939年3月纳粹德国占领捷克斯洛伐克，后又宣布斯洛伐克为所谓“独立国家”。1945年5月9日，捷克斯洛伐克在苏联红军的帮助下获得解放，恢复了共同国家。

1946 年成立以哥特瓦尔德为首的联合政府。1948 年 2 月，捷克斯洛伐克共产党开始执政。1960 年 7 月，国民议会通过新宪法，改国名为捷克斯洛伐克社会主义共和国。1968 年 8 月 20 日，苏联、波兰、匈牙利、保加利亚、民主德国五国出兵捷克斯洛伐克，镇压“布拉格之春”改革运动。1969 年实行联邦制，由享有平等地位的捷克和斯洛伐克两个民族共和国组成联邦共和国。1989 年 11 月，捷克斯洛伐克政局发生剧变，实行多党议会民主制。1990 年 3 月初，两民族共和国将原名中的“社会主义”取消，分别改称捷克共和国和斯洛伐克共和国。同年 4 月 20 日，捷联邦议会又通过一项宪法修正案，将国名更改为捷克和斯洛伐克联邦共和国。1992 年 11 月 25 日，捷联邦议会以 2/3 多数通过了《捷克和斯洛伐克联邦共和国解体法》，决定捷联邦共和国于 1992 年 12 月 31 日自动解体，从 1993 年 1 月 1 日起，捷克和斯洛伐克成为两个独立的主权国家。1993 年 1 月 19 日，联合国大会接纳捷克为其成员国。1999 年 3 月 12 日，捷克共和国加入北约。2004 年 5 月 1 日，捷克共和国加入欧盟。

1918 年奥匈帝国解体、捷克独立之后至今总共制定了三部刑法典：第一部刑法典是第 86/1950 号法律，从 1950 年 8 月 1 日起施行；第二部刑法典是第 140/1961 号法律，从 1962 年 1 月 1 日起施行；第三部刑法典是第 40/2009 号法律，于 2009 年 1 月 9 日通过，2009 年 8 月 7 日第 306/2009 号法律对刑法典进行了修正，从 2010 年 1 月 1 日起施行。捷克共和国现行刑法典的主要内容有：

1. 刑法的渊源

捷克的刑法立法包括刑法典和特别刑法。刑法典是刑法的主体，但也存在特别刑法以及一些存在于民事、经济、行政法律中的刑事责任条款。特别刑法主要有以第 218/2003 号法律颁布的

《青少年司法法》等。本书只对刑法典及其被修正部分进行翻译。

2. 刑法典的体系

捷克刑法典分为总则、分则、过渡规定和最后条款三卷。总则部分包括八编：第一编（刑法的适用范围）、第二编（刑事责任）、第三编（违法阻却事由）、第四编（刑事责任的消灭）、第五编（刑事制裁）、第六编（前科消灭）、第七编（关于特定犯罪人的特别规定）、第八编（解释性规定）。分则部分包括十三编：第一编（侵害生命和健康罪）、第二编（侵犯受保护的自由、人身权利、隐私和通信秘密罪）、第三编（侵犯人的性尊严罪）、第四编（侵犯家庭和未成年人罪）、第五编（侵犯财产罪）、第六编（经济犯罪）、第七编（危害公共安全罪）、第八编（危害环境罪）、第九编（危害捷克共和国、外国和国际组织罪）、第十编（危害公共事务秩序罪）、第十一编（危害军事义务罪）、第十二编（军事犯罪）、第十三编（反人类罪、危害和平和战争罪）。

3. 刑法的基本原则

捷克刑法典规定了罪刑法定原则。捷克刑法典第 1 条规定了犯罪法定原则："只有行为实施之前的法律已经将其规定为犯罪时，才能对之追究刑事责任。"捷克刑法典第 3 条规定了刑事制裁（包括刑罚和保安处分）法定原则："1. 应当依据审判时施行的法律，对行为人适用所规定的刑罚种类。2. 应当依据审判时施行的有关保安处分的法律，决定适用保安处分。"

4. 刑法的地域效力

捷克刑法采取以属地管辖和属人管辖为原则，有限的保护管辖和普遍管辖为补充的刑事管辖权体制。捷克刑法典第 4 条第 1 款规定："在捷克共和国领域内实施的行为，依据捷克共和国法律追究刑事责任。"第 6 条规定："捷克共和国公民或者获得在捷克共和国领域内的永久居住许可的无国籍人在国外实施的行为，适用捷克共和国法律。”此外，捷克刑法典还在第 7 条和第 8 条规定了有限制的保护管辖和有限制的普遍管辖。

5. 外国刑事判决效力

捷克刑法对外国刑事判决的效力采取有限制的积极承认主义，即原则上不承认外国刑事判决的效力，但在法律或者国际条约有规定时可以承认。捷克刑法典第 11 条规定：“除非法律或者国际条约另有规定，外国刑事判决不能在捷克共和国执行或者具有其他效力。”捷克刑法典第 93 条第 1 款就规定对外国刑事裁判的承认：“在罪犯已经在国外因为同一行为被外国机关或者国际司法机构羁押或者处罚的案件中，如果所判处刑罚的种类可以折抵的，在国外受羁押或者处罚的期间可以在捷克共和国法院所判处的刑罚中予以折抵。……”

6. 刑法的溯及力

捷克刑法在此问题上采取有利于被告人主义。捷克刑法典第 2 条第 1 款规定：“应当根据行为时施行的法律决定其刑事责任，行为后施行的法律只能在对行为人更为有利的情况下适用。”第 3 款规定：“如果犯罪完成时施行的法律随后被连续修正的，适用其中最轻的法律。”

7. 犯罪分类

捷克刑法典把犯罪分为重罪和轻罪两大类，重罪又分为一般重罪和特别严重的犯罪。捷克刑法典第 14 条第 1 款规定：“犯罪分为重罪和轻罪。”第 2 款规定：“轻罪是指所有的过失犯罪和刑法规定的最高刑不超过 5 年监禁的故意犯罪。”第 3 款规定：“重罪是指轻罪以外的其他所有犯罪，特别严重的犯罪是指刑法规定的最高刑不少于 10 年监禁的故意犯罪。”

8．违法性认识

捷克刑法典第19条第1款规定：“在实施行为时因为不可避免的认识错误不知道其行为具有违法性的，不具有罪过。”第2款规定：“如果行为人负有了解基于本法、其他法律、官方决定、合同或者其职业、职位、职权所产生的义务或者行为人认识行为的违法性不存在明显的困难的，属于可以避免的认识错误。”可见捷克刑法典在违法性认识问题上并未采取彻底的不知法无罪原则，而是留有出罪余地。

9．刑事责任能力

（1）刑事责任年龄。捷克刑法典第25条规定：“在实施行为时不满15周岁的人，不承担刑事责任。”（2）精神病人的刑事责任能力。捷克刑法典把精神病人的刑事责任能力分为完全不负刑事责任和减轻刑事责任的能力两种情形。第26条规定：“在实施行为时因为精神病不能认识其行为的违法性质或者不能控制其行为的，不对其行为承担刑事责任。”第27条规定：“在实施行为时因为精神病导致其认识行为的违法性质或者控制行为的能力严重地减弱的，减轻刑事责任。”

10．正当行为

捷克刑法典规定了五类正当行为：（1）紧急避险。捷克刑法典第28条第1款规定：“避免对刑法所保护的利益构成直接威胁的危险的，不以犯罪论处，但构成其他犯罪的除外。”第2款规定：“如果根据当时的情况以其他方法避免危险是可能的，或者所导致的后果明显地等于或者重于受到威胁的利益，或者有义务忍受该危险的人实施的，不成立紧急避险。”（2）正当防卫。捷克刑法典第29条第1款规定：“避免对刑法所保护的利益构成直接迫近的或者继续进行的侵害的，不以犯罪论处，但构成其他犯罪的除外。”第2款规定：“如果防卫明显地与侵害手段不相称的，不成立正当防卫。”（3）被害人承诺。捷克刑法典第30条第1款规定：“在获得可以不受限制地对其利益作出理性决定的人同意的情况下，实施损害其利益的行为的，不以犯罪论处。”第2款规定：“本条第1款所指的同意应当在他人实施犯罪行为之前或者同时自愿、确定、严肃、清晰地作出；如果依据案件情节和他们之间的关系可以合理地推定本条第1款所指的行为人会在犯罪实施之后作出同意的，也不以犯罪论处。”（4）被允许的危险。捷克刑法典第31条第1款规定：“行为人基于其工作、职业、职位、职权实施对刑法所保护的利益构成威胁或者侵害的有利于社会的活动，如果根据其作出实施该行为的决定之时的知识和信息的现实状况，无法以其他方法获得该有利于社会的结果的，不以犯罪论处。”（5）依法使用武器。捷克刑法典第32条规定：“在其他法律所授权的限度内使用武器的，不构成犯罪。”

11. 犯罪未完成形态

捷克刑法典规定了犯罪预备和犯罪未遂两种未完成形态。（1）犯罪预备。捷克刑法典第20条第1款规定：“故意为实施特别严重的犯罪（第14条第3款）创造条件的行为（尤其是实施组织行为、获取或者调配用于实施犯罪的财物或者工具或者为此种犯罪而共谋、集合、教唆、提供帮助），如果在刑法对该特别严重的犯罪为此作出明确规定并且没有达到未遂或者既遂的，构成预备。”（2）犯罪未遂。捷克刑法典第21条第1款规定：“行为人意图实施犯罪而实行直接完成犯罪的行为，如果该犯罪未完成的，构成未遂。”

12. 共同犯罪

（1）正犯。捷克刑法典第22条第1款规定：“正犯，是指完成犯罪构成要件行为或者实施未遂、预备行为的罪犯。”第 2 款规定：“利用因为年龄、精神病、认识错误或者因为正当防卫、紧急避险或者阻却违法性或者罪过的其他事由而不承担刑事责任的他人的作为或者不作为，实施犯罪行为的，为正犯。利用他人实施以特定目的或者动机为法定要件的犯罪的人，也是正犯；在此种情况下，不妨碍以其他犯罪对被利用实施该行为的人追究刑事责任。”（2）共同正犯。捷克刑法典第 23 条规定：“如果犯罪是由两个或者两个以上的人基于共同故意实行的，对其中的每个人均视为亲自地实行了该犯罪（共同正犯），都应当追究刑事责任。”（3）共犯。捷克刑法典第 24 条第 1 款规定：“既遂犯罪或者未遂犯罪的共犯，是指故意地：a）组织或者指挥实施犯罪行为的人（组织犯）；b）让他人决意实施犯罪的人（教唆犯）；或者 c）在犯罪的实施过程中提供帮助（尤其是提供实施犯罪的工具、清除障碍、提供建议、强化犯罪意图、许诺在犯罪实施之后提供帮助）（帮助犯）。”

13. 刑罚的种类

根据捷克刑法典第 52 条和第 54 条的规定，其刑罚包括：a）监禁；b）家中监禁；c）社区服务；d）没收财产；e）罚金；f）没收财物或者其他物品；g）剥夺资格；h）禁止居留；i）禁止参加体育活动、文化活动和其他社会活动；j）剥夺荣誉头衔或者奖励；k）剥夺军衔；l）驱逐出境。此外，捷克刑法典还规定了例外刑，所谓例外刑，是指 20 年以上 30 年以下的监禁和终身监禁。例外刑只能适用于刑法允许适用的特别严重犯罪。值得注意的是，捷克斯洛伐克联邦共和国通过第 175/1990 号法律（从 1990 年 7 月 1 日起施行），对刑法典进行了修正，废止了所有犯罪的死刑。2002 年欧洲理事会通过了《欧洲人权公约》第

13 号议定书，规定缔约国无条件地废除一切情况下的死刑。该议定书于2003 年7 月1 日起正式生效。捷克共和国于2004 年7 月2 日批准了该议定书，该议定书于2004 年 11 月起在捷克共和国施行。

14. 量刑情节

捷克刑法典在总则中明确地列举规定了减轻处罚情节和加重处罚情节：（1）减轻情节。捷克刑法典第 41 条列举了下列 15 种减轻处罚情节：初次实施犯罪或者在不受其支配的情境的影响下实施犯罪的；在激情状态下、出于同情或者因为缺乏生活经验而实施犯罪的；在依赖性或者隶属性所产生的压力下实施犯罪的；在受胁迫或者强制的状态下实施犯罪的；在非自身导致的个人状况的或者家庭状况的困境影响下实施犯罪的；在接近未成年人的年龄实施犯罪的；为了避免侵害或者其他危险但不完全符合正当防卫或者紧急避险条件的，或者超出被允许的危险的限度或者其他违法阻却事由的限度的；在可以避免的法律认识错误中实施犯罪的；犯罪导致的损失或者其他危害结果微小的；帮助消除犯罪的危害结果或者自动地赔偿犯罪所造成的损失的；亲自向当局报告其犯罪的；帮助查明其犯罪活动或者对由他人所实施的犯罪的查明作出重大贡献的；作为共同被告人对查明由有组织犯罪集团成员实施、与有组织犯罪集团相关或者支持有组织犯罪集团的犯罪作出重大贡献的；真诚地悔罪的；或者在犯罪之前以规矩的方式生活的。（2）加重情节。捷克刑法典第 42 条列举了下列 16 种加重处罚情节：冷静地或者在事先精心策划后实施犯罪的；基于贪婪、报复、民族仇恨、种族仇恨、族群仇恨、宗教仇恨、阶级仇恨、其他类似仇恨或者其他特别卑鄙的动机实施犯罪的；以残酷或者令人痛苦的方法、阴险地或者以特别狡诈或者其他类似方式实施犯罪的；利用他人的危难、无自卫能力、对其依赖性或者隶属性实施犯罪的；以其犯罪违背特定义务的；滥用其工作、职位或者职权实施犯罪的；针对参与救助生命健康或者保护财产的人员实施犯罪的；针对未成年人、关系密切人、孕妇、病人、残疾人、老年人或者无行动能力人实施犯罪行为的；以犯罪行为引诱他人（尤其是未满 15 周岁的未成年人、青少年、接近未成年人年龄的人）实施其他违法行为或者犯罪行为的；在发生紧急状态、自然灾害或者严重危及生命、公共秩序、财产的事件时实施犯罪的，或者针对用于指挥或者实施人员疏散撤离的场所实施犯罪的；犯罪造成的损失或者其他危害结果严重的；犯罪获得数额较大的；大规模地实施犯罪、针对多个物品或者多人实施犯罪、较长时间地实施犯罪或者单次犯罪持续较长时间的；实施数个犯罪的；作为组织者、有组织犯罪集团成员或者犯罪共谋成员实施犯罪的；或者曾经被判决有罪。

15. 时效

捷克刑法典规定了追诉时效和行刑时效制度。并且还在第 35 条规定不受追诉时效和行刑时效限制的犯罪。

16. 保安处分

捷克刑法典第 98 条第 1 款规定：“保安处分包括保安治疗、保安收容、查扣财物或者其他物品和保安教育。”

由于笔者水平所限，加之本书系从英文版本转译而来，如有不当之处，敬请读者批评指正。

陈志军

2011 年 1 月

目 录

捷克刑法典[①]

第一卷 总 则

第一编 刑法的适用范围

第一章 无法律即无犯罪

第1条 禁止溯及既往

只有行为实施之前的法律已经将其规定为犯罪时，才能对之追究刑事责任。

① 2009年1月9日第40/2009号法律通过，2009年8月7日第306/2009号法律修正，2010年1月1日起施行。

第二章　时间效力范围

第 2 条　行为的定罪和行为时间

1. 应当根据行为时施行的法律决定其刑事责任，行为后施行的法律只能在对行为人更为有利的情况下适用。

2. 如果犯罪实行期间法律发生变化的，适用所实施的犯罪完成时正在施行的法律。

3. 如果犯罪完成时施行的法律随后被连续修正的，适用其中最轻的法律。

4. 行为时，是指正犯、共犯实施作为的时间或者在不作为的情况下有义务作为的时间。结果实际发生或者可能发生的时间，对行为时间的确定不具有决定意义。

第 3 条　适用审判时施行的法律

1. 应当依据审判时施行的法律，对行为人适用所规定的刑罚种类。

2. 应当依据审判时施行的有关保安处分的法律，决定适用保安处分。

第三章 空间效力范围

第4条 领域原则

1. 在捷克共和国领域内实施的行为，依据捷克共和国法律追究刑事责任。

2. 在下列情况下，犯罪视为实施于捷克共和国领域内：

a）行为人的行为全部或者部分地实行于捷克共和国领域内，即使其对刑法所保护的法益实际或者可能的侵害或者危险全部或者部分地发生于国外也不例外；或者

b）对刑法所保护的法益的侵害或者危险全部或者部分地发生于捷克共和国领域内，即使其行为实行于国外也不例外。

3. 在下列情况下，共犯行为视为实施于捷克共和国领域内：

a）对实施共犯行为的人应当相应地适用本条第2款的规定；或者

b）共犯行为部分地实施于国外。

4. 如果行为人在捷克共和国领域内实施共犯行为的，即使正犯的犯罪实行于国外，也应适用捷克共和国法律。

第5条 注册登记原则

实施于捷克共和国领域外的在捷克共和国注册登记的轮船（或者其他船舶）或者飞机（或者其他航空器）中的犯罪，适用捷克共和国法律。本法典第4条第2款和第3款的规定，也相应地适用于此种行为。

第 6 条　属人原则

捷克共和国公民或者获得在捷克共和国领域内的永久居住许可的无国籍人在国外实施的行为，适用捷克共和国法律。

第 7 条　保护原则和普遍原则

1．对酷刑和其他不人道虐待罪（第 149 条）、伪造或者变造货币罪（第 233 条）、使用伪造或者变造的货币罪（第 235 条）、制作或者持有伪造设备罪（第 236 条）、违规制造货币罪（第 237 条）、颠覆共和国罪（第 310 条）、恐怖主义袭击罪（第 311 条）、恐怖主义杀人罪（第 312 条）、蓄意破坏罪（第 314 条）、间谍罪（第 316 条）、针对公共权力机关的暴行罪（第 323 条）、针对公务员的暴行罪（第 325 条）、伪造或者变造公文罪（第 348 条）、第 361 条第 2 款和第 3 款的参加有组织犯罪集团罪、种族灭绝罪（第 400 条）、反人类攻击罪（第 401 条）、针对人群的种族隔离和歧视罪（第 402 条）、准备侵略战争罪（第 406 条）、使用禁用的作战工具或者作战方法罪（第 411 条）、战争虐待罪（第 412 条）、迫害平民罪（第 413 条）、劫掠军事行动区域罪（第 414 条）、滥用获得国际承认的标志或者国家标志罪（第 415 条）、滥用旗帜或者休战罪（第 416 条）、侵害议员罪（第 417 条），应当适用捷克共和国法律追究刑事责任，即使是未获得在捷克共和国永久居住许可的外国人或者无国籍人在国外实施的也不例外。

2．在国外针对捷克共和国公民或者获得在捷克共和国领域内永久居住许可的无国籍人实施犯罪行为的，如果犯罪地国家的法律也认为是犯罪或者犯罪地国家不行使刑事管辖权的，适用捷克共和国法律。

第 8 条　普遍原则的补充

1．外国人或者未获得在捷克共和国领域内永久居住许可的无国籍人在国外实施犯罪行为，符合下列条件的，适用捷克共和国法律：

a）根据犯罪地正在施行的法律该行为应当追究刑事责任；并且

b）在捷克共和国被逮捕并且尚未移交或者引渡给外国国家或者其他主管机关接受刑事追诉的。

2. 外国人或者未获得在捷克共和国领域内永久居住许可的无国籍人，为了所在地位于或者分支机构位于捷克共和国境内的法人或者作为企业家并且在捷克共和国境内有企业、分支机构、营业地的自然人的利益，在国外实施犯罪行为的，适用捷克共和国法律。

3. 对行为人所适用的刑罚，不能重于犯罪地国法律对其行为所规定的刑罚。

第 9 条　国际条约的适用范围

1. 对捷克共和国有约束力的国际条约规定为犯罪的行为，也应依据捷克共和国法律追究刑事责任。

2. 如果某一国际条约禁止适用本法典第 4 条至第 8 条的规定的，不应当适用这些条款。

第 10 条　捷克共和国公民的引渡

1. 捷克共和国公民不能被引渡到外国接受刑事追诉或者执行刑罚。

2. 只有基于欧盟逮捕令才能将捷克共和国公民移送其他欧盟国家。

第 11 条　外国法院判决的效力

除非法律或者国际条约另有规定，外国刑事判决不能在捷克共和国执行或者具有其他效力。

第二编 刑事责任

第一章 刑事责任的原则

第 12 条 法定原则和刑事制裁补充性原则

1. 只有刑法才能规定犯罪和设定对犯罪所适用的刑事制裁。

2. 只有基于案件所具有社会危害性，依据其他法律追究责任不足时，才能对行为人追究刑事责任和刑事后果。

第 13 条 犯罪行为

1. 犯罪行为，是指刑法规定为犯罪人实施的并且符合刑法所规定的构成特征的非法行为。

2. 除非法律明确规定其罪过为过失，否则只有罪过为故意时，才能以犯罪追究刑事责任。

第 14 条 重罪和轻罪

1. 犯罪分为重罪和轻罪。

2. 轻罪是指所有的过失犯罪和刑法规定的最高刑不超过 5 年监禁的故意犯罪。

3. 重罪是指轻罪以外的其他所有犯罪，特别严重的犯罪是指刑法规定的最高刑不少于 10 年监禁的故意犯罪。

第二章 罪 过

第 15 条 故意

1. 如果行为人具有下列情形之一的，视为故意犯罪：

a）希望以刑法所规定方式侵害或者危及刑法所保护的利益；或者

b）明知其行为可能导致该侵害或者危险但放任其发生并且实际发生的。

2. 放任是指行为人容许以刑法所规定方式侵害或者危及刑法所保护的利益。

第 16 条 过失

1. 如果行为人具有下列情形之一的，视为过失犯罪：

a）明知可能以刑法所规定方式侵害或者危及刑法所保护的利益，但没有充足理由认为不会导致该侵害或者危险的；或者

b）没有认识到其行为可能导致该侵害或者危险，但根据客观环境和个人情况来看其应当并且能够认识的。

2. 如果负有适当注意义务的行为人对刑法所保护的利益表现出明显漠视的，视为严重过失犯罪。

第 17 条 对加重情节的罪过

具有下列情形之一的，可以考虑适用更重档次的刑罚：

a）行为人过失导致加重结果，但刑法要求具有故意罪过的情况除外；或者

b）在无认识但根据客观环境和个人情况来看其应当并且能

够认识的情况下实施了其他行为，但刑法要求行为人有认识的情况除外。

第 18 条　事实认识错误

1．在实施行为时对作为犯罪构成要件的事实没有认识或者没有预见的，不能成立故意；但这不影响对行为人追究过失犯罪的刑事责任。

2．在实施行为时错误地认为其行为符合较轻的故意犯罪的构成特征的，只能以较轻的犯罪追究刑事责任，但过失实施该行为构成犯罪的除外。

3．在实施行为时错误地认为其行为符合较重的故意犯罪的构成特征的，应当按照较重犯罪的未遂追究刑事责任。

4．在实施行为时错误地认为其行为阻却违法性的，不成立故意；但这不影响对行为人追究过失犯罪的刑事责任。

第 19 条　法律认识错误

1．在实施行为时因为不可避免的认识错误不知道其行为具有违法性的，不具有罪过。

2．如果行为人负有了解基于本法、其他法律、官方决定、合同或者其职业、职位、职权所产生的义务或者行为人认识行为的违法性不存在明显的困难的，属于可以避免的认识错误。

第三章　犯罪预备与犯罪未遂

第 20 条　预备

1．故意为实施特别严重的犯罪（第 14 条第 3 款）创造条件的行为（尤其是实施组织行为、获取或者调配用于实施犯罪的财物或者工具或者为此种犯罪而共谋、集合、教唆、提供帮助），如果在刑法对该特别严重的犯罪为此作出明确规定并且没有达到未遂或者既遂的，构成预备。

2. 除非刑法另有规定，对预备，按照对意图实施的特别严重的犯罪的刑罚追究刑事责任。

3. 如果预备行为人自动放弃以实行特别严重的犯罪为目的的后续行为，并且具有下列情形之一的，不追究刑事责任：

a）消除其预备行为对刑法所保护的利益所产生的威胁；或者

b）在其预备行为对刑法所保护的利益所产生的威胁尚且能够被消除时报告其特别严重犯罪的预备行为；报告应当向检察官或者警察机关作出，军人可以替代向其上级报告。

4. 在存在多个行为人的情况下，尽管预备行为人事先实施了意图消除威胁的行为或者及时地进行报告，但由于其他实行行为人达到犯罪既遂的，不能免除预备行为人的刑事责任。

5. 本条第3款和第4款的规定，不影响以其他犯罪的既遂对第1款所指的行为人已经实施的行为追究刑事责任。

第21条 未遂

1. 行为人意图实施犯罪而实行直接完成犯罪的行为，如果该犯罪未完成的，构成未遂。

2. 对未遂犯罪，按照既遂犯罪的刑罚追究刑事责任。

3. 如果行为人自动放弃以完成犯罪为目的的后续行为，并且具有下列情形之一的，不追究刑事责任：

a）消除其未遂行为对刑法所保护的利益所产生的威胁；或者

b）在其未遂行为对刑法所保护的利益所产生的威胁尚且能够被消除时报告其未遂犯罪行为；报告应当向检察官或者警察机关作出，军人可以替代向其上级报告。

4．在存在多个行为人的情况下，尽管未遂行为人事先实施了意图消除威胁的行为或者及时地进行报告，但由于其他实行行为人达到犯罪既遂的，不能免除未遂行为人的刑事责任。

5．本条第3款和第4款的规定，不影响对第1款所指的已经实施的行为以其他犯罪追究既遂的刑事责任。

第四章　正犯、共同正犯和共犯

第22条　正犯

1．正犯，是指完成犯罪构成要件行为或者实施未遂、预备行为的罪犯。

2．利用因为年龄、精神病、认识错误或者因为正当防卫、紧急避险或者阻却违法性或者罪过的其他事由而不承担刑事责任的他人的作为或者不作为，实施犯罪行为的，为正犯。利用他人实施以特定目的或者动机为法定要件的犯罪的人，也是正犯；在此种情况下，不妨碍以其他犯罪对被利用实施该行为的人追究刑事责任。

第23条　共同正犯

如果犯罪是由两个或者两个以上的人基于共同故意实行的，对其中的每个人均视为亲自地实行了该犯罪（共同正犯），都应当追究刑事责任。

第 24 条 共犯

1. 既遂犯罪或者未遂犯罪的共犯，是指故意地：

a）组织或者指挥实施犯罪行为的人（组织犯）；

b）让他人决意实施犯罪的人（教唆犯）；或者

c）在犯罪的实施过程中提供帮助（尤其是提供实施犯罪的工具、清除障碍、提供建议、强化犯罪意图、许诺在犯罪实施之后提供帮助）（帮助犯）。

2. 除非刑法另有规定，共犯的刑事责任和处罚，适用关于正犯的刑事责任和处罚的规定。

3. 如果共犯人自动放弃后续的共犯行为，并且具有下列情形之一的，不追究刑事责任：

a）消除其共犯行为对刑法所保护的利益所产生的威胁；或者

b）在其共犯行为对刑法所保护的利益所产生的威胁尚且能够被消除时报告其共犯行为；报告应当向检察官或者警察机关作出，军人可以替代向其上级报告。

4. 在存在多个行为人的情况下，尽管共犯行为人事先实施了意图消除威胁的行为或者及时地进行报告，但由于其他正犯的行为达到犯罪既遂的，不能免除共犯行为人的刑事责任。

5. 本条第 3 款和第 4 款的规定，不影响对构成其他犯罪的第 1 款所指的已经实施的共犯行为追究刑事责任。

第 25 条 年龄①

在实施行为时不满 15 周岁的人，不承担刑事责任。

---

① 2009 年 8 月 7 日第 306/2009 号法律修正。

第 26 条　精神病

在实施行为时因为精神病不能认识其行为的违法性质或者不能控制其行为的，不对其行为承担刑事责任。

第 27 条　心智减弱

在实施行为时因为精神病导致其认识行为的违法性质或者控制行为的能力严重地减弱的，减轻刑事责任。

第三编 违法阻却事由

第 28 条 紧急避险

1. 避免对刑法所保护的利益构成直接威胁的危险的，不以犯罪论处，但构成其他犯罪的除外。

2. 如果根据当时的情况以其他方法避免危险是可能的，或者所导致的后果明显地等于或者重于受到威胁的利益，或者有义务忍受该危险的人实施的，不成立紧急避险。

第 29 条 正当防卫

1. 避免对刑法所保护的利益构成直接迫近的或者继续进行的侵害的，不以犯罪论处，但构成其他犯罪的除外。

2. 如果防卫明显地与侵害手段不相称的，不成立正当防卫。

第 30 条 被害人承诺

1. 在获得可以不受限制地对其利益作出理性决定的人同意的情况下，实施损害其利益的行为的，不以犯罪论处。

2. 本条第 1 款所指的同意应当在他人实施犯罪行为之前或者同时自愿、确定、严肃、清晰地作出；如果依据案件情节和他们之间的关系可以合理地推定本条第 1 款所指的行为人会在犯罪实施之后作出同意的，也不以犯罪论处。

3. 除非属于在医疗干预中依据行为之时的法律、医学知识和医疗惯例所作的同意，否则本条第 1 款所指的承诺不应当适用于身体伤害或者死亡。

第31条　被允许的危险

1．行为人基于其工作、职业、职位、职权实施对刑法所保护的利益构成威胁或者侵害的有利于社会的活动，如果根据其作出实施该行为的决定之时的知识和信息的现实状况，无法以其他方法获得该有利于社会的结果的，不以犯罪论处。

2．如果该活动危及未依法作出同意的他人的生命或者健康，或者所指向的结果明显地超出危险的限度，或者明显地违背其他法律、公共利益、人道原则的要求或者违背良好道德实施这些活动的，不是被允许的危险。

第32条　依法使用武器

在其他法律所授权的限度内使用武器的，不构成犯罪。

第四编　刑事责任的消灭

第一章　有效悔罪所致的刑事责任消灭

第 33 条　有效悔罪

如果不提供救助罪（第 150 条），交通工具驾驶人不提供救助罪（第 151 条），传播人类传染病罪（第 152 条），过失传播人类传染病罪（第 153 条），以有害食品或者其他物品危害公众健康罪（第 156 条），过失以有害食品或者其他物品危害公众健康罪（第 157 条），将未成年人交付他人支配罪（第 169 条），强迫移民罪（第 172 条），劫持人质罪（第 174 条），遗弃未成年人或者被托付人罪（第 195 条），管理他人财产背信罪（第 220 条），管理他人财产过失背信罪（第 221 条），违反破产程序中的义务罪（第 225 条），违反如实申报财产义务罪（第 227 条），损毁他人财产罪（第 228 条），少缴纳税收、捐费和其他强制支付缴费罪（第 240 条），不履行税收程序中的告知义务罪（第 243 条），违反外汇管理紧急状态禁令罪（第 247 条），违反有关与外国之间的商品流通的法规罪（第 261 条），违反有关军民两用的商品或者技术出口监管的法规罪（第 262 条），违反有关商品或者军民两用技术出口的义务罪（第 263 条），未获许可或者执照进行军事物资对外贸易罪（第 265 条），违反与签发军事物资对外贸易许可或者执照有关的义务罪（第 266 条），导致公共危险罪（第 272 条），过失导致公共危险罪（第 273 条），违反紧急避险义务罪（第 275 条），破坏或者危害公用设施的运行罪（第 276 条），过失毁坏或者危及公用设施的运行罪（第 277 条），破坏地理测量地点罪（第 278 条），破坏或者危及环境罪（第 293 条），过失毁坏或者危及环境罪（第 294 条），破坏森林罪（第 295 条），非法处分废物罪（第 298 条），非法处分受保护的野生动植物罪（第 299 条），过失非法处分受保护的野生动植物罪（第 300 条），非法迁移或者毁灭动植物罪（第 301 条），传播经济作物传染病或者害虫罪（第 307 条），叛国罪（第 309 条），颠覆共和国罪（第 310 条），恐怖主义袭击罪（第 311 条），恐怖主义杀人罪（第 312 条），蓄意破坏罪（第 314 条），滥用国家或者国际组织代表权力罪（第 315 条），间谍罪（第 316 条），危害秘密情报罪（第 317 条），过失危害秘密情报罪（第 318 条），被关押人员叛乱罪（第 344 条），传播使人惊恐的虚假消息罪（第 357 条），不阻止犯罪行为罪（第 367 条）或者不告发犯罪行为罪（第 368 条）的行为人自动实施下列行为的，消灭其刑事责任：

a）避免或者弥补犯罪的危害后果；或者

b）在犯罪的危害后果尚且能够被避免时报告其犯罪的；报告应当向检察官或者警察机关作出，军人可以替代向其上级报告。

第二章 追诉时效

第 34 条 时效期间

1. 如果下列时效期间届满的，犯罪的刑事责任消灭：

a) 适用例外刑的犯罪和在依据其他法律开展或者批准私有化计划过程中所实施的犯罪，为 20 年；

b) 对最高刑不少于 10 年监禁的犯罪，为 15 年；

c) 对最高刑不少于 5 年监禁的犯罪，为 10 年；

d) 对最高刑不少于 3 年监禁的犯罪，为 5 年；

e) 对其他犯罪，为 3 年。

2. 以结果为基本构成要件或者加重构成要件的犯罪，时效期间从结果发生之时起算；其他犯罪，时效期间从行为终了之时起算。共犯的时效期间从主要正犯的行为终了之时起算。

3. 时效期间不应当包括：

a) 因为法律障碍而不能对行为人进行审理的期间；

b) 刑事诉讼中断期间；

c) 贩卖人口罪（第 168 条）或者分则第三编“侵犯人的性尊严罪”中的任何犯罪的被害人未满 18 周岁之前的期间；

d) 附条件暂停起诉的考验期间。

4. 时效期间在下列情况下中断：

a) 对犯罪开始刑事追诉并且针对该犯罪对被告人发布拘留令、逮捕令、欧盟逮捕令、起诉、量刑建议、作出有罪裁判或者

发出刑事指令之后随即将其羁押的；或者

b）行为人在犯罪的时效期间内又实施依据刑法可以处以同等或者更重刑罚的新罪的。

5. 时效期间中断之时，重新起算时效期间。

第 35 条　不适用追诉时效的犯罪

对下列情况，不能因为时效期间届满而消灭刑事责任：

a）本法典分则第十三编除发起、支持、宣传以压制人的权利和自由为宗旨的团体罪（第 403 条），对以压制人的权利和自由为宗旨的团体表示支持罪（第 404 条），否认、质疑、赞同、美化种族灭绝罪（第 405 条）以外的其他犯罪，虽然实施于过去但却符合这些犯罪的构成特征的行为也不例外；

b）颠覆共和国罪（第 310 条）、恐怖主义袭击罪（第 311 条）或者恐怖主义杀人罪（第 312 条）所实施的情节，根据国际法规则构成战争罪或者反人类罪的；

c）在 1948 年 2 月 25 日至 1989 年 12 月 29 日之间，出于与民主国家的法治原则相悖的原因，由公务员实施的或者基于政治的、种族的、宗教的原因针对个人或者人群的迫害有关所实施的法定最高刑不少于 10 年的犯罪，并且尚未被最终判决有罪或者宣告无罪的。

第五编 刑事制裁

第一章 刑事制裁的种类和一般适用原则

第 36 条 刑事制裁的种类

刑事制裁包括刑罚和保安处分。

第 37 条 适用刑事制裁的一般原则

1. 只能根据刑法适用刑事制裁。

2. 不能对犯罪人适用残酷和不相称的刑事制裁。不能以侮辱人格尊严的方式执行刑事制裁。

第 38 条 刑事制裁的适当性

1. 刑事制裁的适用应当考虑犯罪的性质、严重程度和犯罪人的情况。

2. 在对罪犯适用较轻的刑事制裁即已充足的情况下，不应当对罪犯适用所规定的刑事制裁。

3. 刑事制裁的适用也应当考虑对被害人正当利益的保护。

第二章 刑 罚

第一节 适用刑罚的一般原则

第39条 刑种和刑度的量定

1. 在量定刑罚的种类和尺度时，法院应当考虑犯罪的性质和严重程度，犯罪人的人格、家庭、财产和其他情节，以往的生活方式和改造可能性；也应当考虑行为人的罪后行为表现（尤其是力图赔偿损失或者消除行为的其他危害结果），以及共同被告人对查明由有组织犯罪集团成员实施、与有组织犯罪集团相关或者支持有组织犯罪集团的特别严重的犯罪作出重大贡献或者帮助阻止这些犯罪的着手实行或者既遂的；还应当考虑刑罚对犯罪人未来生活的预期影响和后果。

2. 认定犯罪的性质和严重程度，主要应当考虑行为所损害的利益的重要性、行为的实施方法和后果、行为实施过程中的情节、行为人的罪过程度及其动机、意图、目的。

3. 在量定刑罚的种类和尺度时，应当考虑减轻情节和加重情节（第41条和第42条）；如果犯罪已经历过长期间的，应当考虑从犯罪实施之时起所经历期间的长短、情境变化和刑事诉讼期间的长短。在认定刑事诉讼期间长度的适当性时，法院应当考虑案件的复杂性、执法机构在刑事诉讼活动中的程序、刑事诉讼程序对犯罪人的重要性以及犯罪人导致刑事诉讼程序延迟的行为。

4. 作为犯罪法定构成特征的情节，包括作为适用更重幅度刑罚条件的情节，不应当被视为减轻情节或者加重情节。对监禁刑予以例外减轻的情节不能被视为减轻情节。

5. 如果有下列情况的，视为加重情节：

a）导致加重结果，即使是行为人过失所导致的也不例外，但刑法要求行为人对之具有故意罪过的除外；

b）具有其他事实，即使行为人对之没有认识但根据客观环境和个人情况来看其应当能够认识也不例外，但刑法要求行为人对之有认识的除外。

6. 在量定刑罚的种类和尺度时，法院应当考虑：

a）每一个共犯对犯罪的实施所其作用的程度；

b）组织犯、教唆犯、帮助犯及其参与犯罪实施行为的重要程度和性质；

c）在特别严重的犯罪的预备和犯罪的未遂案件中，行为人离实现犯罪既遂的远近，以及犯罪未达到既遂的情节和原因。

7. 如果犯罪行为人意图获取或者实际获取财产利益的，法院在量定刑罚的种类和尺度时应当考虑；在独立适用或者附加适用财产刑（第 66 条至第 72 条）时，应当考虑行为人的财产状况或者个人状况以及上述这些财产利益的数额。

第 40 条　对减轻刑事责任的罪犯的量刑

1. 如果行为人在非因为致瘾物质影响力所导致（包括过失）的心智减弱状态下实施犯罪的，法院在量定刑罚的种类和尺度时应当考虑该情节。

2. 如果法院基于第 1 款所指的行为人的身体状况认为，在适用保安治疗（第 99 条）的同时适用较短期间的监禁即能实现矫正目的的，应当在最低刑之下减轻监禁期间（不受第 58 条第 3 款规定的限制），同时适用保安治疗。

第 41 条　减轻处罚情节

在量定刑罚的尺度时，法院尤其应当将行为人的下列情节视为减轻处罚情节：

a）初次实施犯罪或者在不受其支配的情境的影响下实施犯罪的；

b）在激情状态下、出于同情或者因为缺乏生活经验而实施犯罪的；

c）在依赖性或者隶属性所产生的压力下实施犯罪的；

d）在受胁迫或者强制的状态下实施犯罪的；

e）在非自身导致的个人状况的或者家庭状况的困境影响下实施犯罪的；

f）在接近未成年人的年龄实施犯罪的；

g）为了避免侵害或者其他危险但不完全符合正当防卫或者紧急避险条件的，或者超出被允许的危险的限度或者其他违法阻却事由的限度的；

h）在可以避免的法律认识错误中实施犯罪的；

i）犯罪导致的损失或者其他危害结果微小的；

j）帮助消除犯罪的危害结果或者自动地赔偿犯罪所造成的损失的；

k）亲自向当局报告其犯罪的；

l）帮助查明其犯罪活动或者对由他人所实施的犯罪的查明作出重大贡献的；

m）作为共同被告人对查明由有组织犯罪集团成员实施、与有组织犯罪集团相关或者支持有组织犯罪集团的犯罪作出重大贡献的；

n）真诚地悔罪的；或者

o）在犯罪之前以规矩的方式生活的。

第42条 加重处罚情节

在量定刑罚的尺度时，法院尤其应当将行为人的下列情节视为加重处罚情节：

a）冷静地或者在事先精心策划后实施犯罪的；

b）基于贪婪、报复、民族仇恨、种族仇恨、族群仇恨、宗教仇恨、阶级仇恨、其他类似仇恨或者其他极其卑鄙的动机实施犯罪的；

c）以残酷或者令人痛苦的方法、阴险地或者以极其狡诈或者其他类似方式实施犯罪的；

d）利用他人的危难、无自卫能力、对其依赖性或者隶属性实施犯罪的；

e）以其犯罪违背特定义务的；

f）滥用其工作、职位或者职权实施犯罪的；

g）针对参与救助生命健康或者保护财产的人员实施犯罪的；

h）针对未成年人、关系密切人、孕妇、病人、残疾人、老年人或者无行动能力人实施犯罪行为的；

i）以犯罪行为引诱他人（尤其是未满15周岁的未成年人、青少年、接近未成年人年龄的人）实施其他违法行为或者犯罪行为的；

j）在发生紧急状态、自然灾害或者严重危及生命、公共秩序、财产的事件时实施犯罪的，或者针对用于指挥或者实施人员疏散撤离的场所实施犯罪的；

k）犯罪造成的损失或者其他危害结果严重的；

l）违法获利数额较大的；[1]

m）大规模地实施犯罪、针对多个物品或者多人实施犯罪、较长时间地实施犯罪或者单次犯罪持续较长时间的；

n）实施数个犯罪的；

o）作为组织者、有组织犯罪集团成员或者犯罪共谋成员实施犯罪的；或者

p）曾经被判决有罪；但法院有权力根据前罪的性质（尤其是行为所危害的受保护利益的重要性、行为的实施方式、行为的后果、行为实施过程中的情节、行为人的人格、罪过程度、动机、与上一次判刑相隔的时间）不将该情节视为加重情节；法院在作出决定时应当关注行为人是否在精神错乱状态下实施犯罪行为，或者行为人是否沉溺于滥用致瘾药品并且在滥用的影响力支配下或者与滥用相关的情况下实施犯罪，即使对这些行为人已经开始实施医学治疗或者为开始治疗而采取了其他必要的措施也不例外。

第 43 条　并罚的刑罚和合并的刑罚

1．如果法院对行为人两个或者两个以上的犯罪判处刑罚的，以处刑最重的犯罪的法定刑为基础适用一个并罚的刑罚；在并罚的犯罪个数较多时，法院可以将监禁刑的上限加重 1/3 处刑；但是在加重刑罚后，监禁刑的刑期上限不得超过 20 年，在对作为例外刑的 20 年以上 30 年以下监禁进行加重时，加重后的监禁的上限不得超过 30 年。除了依据最重犯罪的法定刑可以判处的刑罚外，法院还可以对之适用刑法对处刑较轻的其他犯罪所规定的其他种类的刑罚，作为并罚的刑罚。如果数罪的监禁刑期的下限

---

[1] 2009 年 8 月 7 日第 306/2009 号法律修正。

不同的，以最重的一个下限作为确定并罚刑罚幅度的下限。如果刑法对并罚的数个犯罪都只规定了监禁这一刑种的，只能以监禁作为并罚的刑罚。

2. 法院在对犯罪人所实施的某一犯罪作出有罪判决后，又因为该犯罪人在一审法院作出有罪判决之前所实施的其他犯罪而必须对其作出判决的，应当根据本条第 1 款所规定的原则适用一个合并的刑罚。法院在适用该合并的刑罚时，应当撤销对该犯罪人所作出的前一判决以及其内容因为该判决撤销而失去存在基础的所有其他决定。合并后的刑罚，不能轻于先前判决所判处的刑罚。如果在前一判决中对犯罪人判处了剥夺荣誉头衔或者奖励、剥夺军衔、没收财产、没收财物或者其他物品之刑罚的，法院应当在合并的刑罚中判处这些刑罚。

3. 本条第 2 款所指的有罪判决，包括本法典第 48 条第 2 款所指的以接受保护观察为条件的免除刑罚为内容的判决。法院在适用该合并的刑罚时，应当撤销对该犯罪人所作出的以接受保护观察为条件的免除刑罚以及其内容因为该撤销而失去存在基础的所有其他决定。

4. 如果基于前一有罪判决的性质行为人被视为未受有罪判决的，不应当适用有关合并的刑罚的规定。

第 44 条　免于适用合并的刑罚

如果法院认为前一判决所适用的刑罚已经足够的，不应当再适用本法典第 43 条第 2 款规定的并合刑罚。

第 45 条　对连续犯适用共同的刑罚

1. 在对连续犯（第 116 条）的部分行为作出的有罪判决生效之后，法院又对其他部分行为作出有罪判决的，应当撤销针对该连续犯或者予以并罚的其他独立犯罪的前一有罪判决、关于确定刑罚的所有决定以及以前一有罪判决为基础的其他决定，并且针对判决已经被撤销的连续犯已经被实际查明的事实（包括新发现的部分行为以及其他独立犯罪行为）一并适用不能轻于先前判决的共同刑罚，在可能的情况下也应当作出以该有罪判决为基础的其他有关决定。如果在前一判决中对犯罪人判处了剥夺荣誉头衔或者奖励、剥夺军衔、没收财产、没收财物或者其他物品之刑罚的，法院应当在对连续犯适用的同一刑罚中判处这些刑罚。

2. 在对数量较多犯罪适用刑罚时，本法典第43条和第44条的相关规定也类似地予以适用。

3. 即使行为人的前一有罪判决已经因为其性质被视为消灭的，也应当适用上述关于对连续犯适用共同刑罚的规定。

第二节　免除刑罚

第46条　一般规定

1. 实施轻罪的行为人悔悟其所实施的犯罪和表现出实际有效的矫正努力的，如果考虑其犯罪的性质、严重程度和行为人以往的生活状况可以合理地认为法院对案件进行审理本身就足以矫正该行为人和保护社会的，法院可以对其免除刑罚。

2. 如果因为犯罪对象的性质或者种类或者因为犯罪方法的性质或者种类而导致犯罪不可能既遂的，对实施预备或者未遂行为的行为人，法院可以对其免除刑罚。

3. 如果法院给予免除刑罚的，对该行为人视为未受到有罪判决。

第47条　在免除刑罚的同时适用保安治疗或者保安收容

1. 行为人在精神减弱状态或者精神错乱所导致的状态下实

施犯罪行为的，如果法院认为适用保安治疗比适用刑罚能更好地矫正行为人和保护社会的，可以对其免除刑罚。如果精神减弱状态或者精神错乱状态是由于致瘾物质引起（即使出于过失也不例外）的，不应当适用该规定。

2. 行为人在精神减弱状态或者精神错乱所导致的状态下实施犯罪行为，即使根据其精神错乱的性质和对行为人所起作用的可能性认为对之适用保安治疗不足以保护社会，只要法院认为适用保安收容（第100条）比适用刑罚能更好地保护社会的，法院也可以对其免除刑罚。

第48条　接受保护观察的附条件免除刑罚

1. 依据本法典第46条第1款或者第2款所规定的条件，如果认为有必要在特定的期间内观察行为人的行为表现的，法院可以对其有条件地免除刑罚，同时让其接受保护观察。

2. 法院应当在1年以下的幅度内确定附条件免除刑罚的考验期，还应当在考验期间内对行为人适用保护观察（第49条至第51条）。

3. 对被附条件免除刑罚的行为人，法院可以适用适当的禁令和合理的义务以促使其以规矩有序的方式生活；通常也可以判令其赔偿犯罪所造成的全部损失。

4. 法院可以适用适当的禁令和合理的义务主要包括：

a）接受培训以获取适当的职业资格；

b）接受适当的社会培训和矫正计划；

c）接受不属于本法典规定的保安治疗的致瘾物质戒瘾治疗；

d）接受适当的心理咨询计划；

e）不出入不适当的环境，不参加体育、文化或者其他社会活动和不与特定人员接触；

f）不妨碍他人的权利或者受法律保护的利益；

g）不从事赌博、玩赌博机器和打赌；

h）不饮用酒精饮料或者其他致瘾物质；

i）支付应付的抚养费或者其他应付的费用；

j）向被害人公开致歉；或者

k）向被害人提供适当的赔偿。

5. 如果罪犯的年龄接近未成年人年龄的，法院可以对之单独适用命令其接受家庭、学校或者其他机构的教育活动（也可以是比照《青少年司法法》对青少年所规定的适用条件适用该法所指的某些教育措施），或者与本条第 4 款所指的适当的禁令和合理的义务一并予以适用。

6. 如果被附条件免除刑罚的行为人在考验期内以适当的方式生活并且遵守所被赋予的义务的，法院应当作出确认其表现的决定；否则，法院应当在考验期内决定对行为人适用适当的刑罚。

7. 如果被附条件免除刑罚的行为人在考验期届满后 1 年内，未被法院依据本条第 6 款的规定适用刑罚的，应当被视为获得法院的前述确认。

8. 如果被附条件免除刑罚的行为人被法院宣告确认其行为表现或者视为获得该确认的，视为其未曾受到有罪判决。

第三节　保护观察

第 49 条　保护观察的概念和目的

1. 保护观察，是指行为人与缓刑和调解署的官员（后文称之为“缓刑监督官”）保持定期的密切联系，配合缓刑监督官制订、实施考验期的考验监督计划并且监督行为人履行法院所适用或者法律所规定的义务。

2. 保护观察的目的是：

a）监督和管理行为人的行为表现，以此保护社会和降低再犯可能性；

b）向行为人提供职业指引和帮助，以使其将来以正常的方式生活。

3. 对行为人的保护观察由缓刑监督官负责执行。

第 50 条　罪犯的义务

被适用保护观察的行为人负有下列义务：

a）以缓刑监督官规定的方式配合缓刑监督官，并且遵守考验监督计划；

b）在缓刑监督官规定的期限内向缓刑监督官报到；

c）向缓刑监督官报告其住所、工作、生活来源，并且遵守法院所适用的适当的禁令、合理的义务和对缓刑监督官实施监督具有重要意义的其他条件；

d）允许缓刑监督官进入其住所。

第 51 条　缓刑监督官的职责和权力

1. 缓刑监督官，应当监督行为人遵守所制订的考验计划、协助缓刑监督官执行事务、执行负责指导保护观察实施的主管法官的指令和使行为人以适当的方式生活。缓刑监督官应当考虑保护观察的效果和行为人的个人、家庭和其他的情况，经常地更新考验计划。

2. 如果被适用保护观察的行为人严重地或者重复地违反保护观察义务、考验计划、适当的禁令、合理的义务的，在无正当延误理由的情况下缓刑监督官应当立即报告作出适用保护观察决定的法院的主管法官。如果行为人在违反保护观察义务、考验计划、适当的禁令、合理的义务上未达到严重程度的，缓刑监督官应当告知行为人其存在的不足以及如果严重地或者重复地违反保护观察义务、考验计划、适当的禁令、合理的义务将被通知法院主管法官的后果。

3. 除非主管法官另有要求，缓刑监督官必须每6个月向适用保护观察决定的法院的主管法官作出至少一次行为人遵守所被适用的义务、考验计划、适当的禁令、合理的义务及其个人情况的报告。

第四节　刑罚的种类和例外适用的刑罚

第52条　刑罚的种类

1. 法院可以对犯罪适用的刑罚有：

a）监禁；

b）家中监禁；

c）社区服务；

d）没收财产；

e）罚金；

f）没收财物或者其他物品；

g）剥夺资格；

h）禁止居留；

i）禁止参加体育活动、文化活动和其他社会活动；

j）剥夺荣誉头衔或者奖励；

k）剥夺军衔；

l）驱逐出境。

2. 除非刑法另有规定，监禁刑是指：

a）无条件监禁；

b）暂缓监禁；

c）交付保护观察的暂缓监禁。

3. 本法典第54条规定的作为例外适用的特殊种类刑罚。

第53条 从刑的单独适用和附加适用

1. 如果刑法对某一犯罪规定了数种刑罚的，可以单独适用其中一种刑罚或者同时适用其中多种刑罚。对任何犯罪，除了刑法分则规定的刑罚外，还可以适用本法典第52条所规定的其他刑罚。但是，家中监禁不能和监禁或者社区服务一并适用，社区服务不能和监禁一并适用，罚金不能和没收财产一并适用，禁止居留不能和驱逐出境一并适用。

2. 即使刑法典分则未对之规定家中监禁、社区服务、罚金、禁止参加体育活动、文化活动和其他社会活动、驱逐出境或者禁止居留的犯罪，法院也能对之单独适用上述刑罚。

第54条 例外刑

1. 例外刑，是指20年以上30年以下的监禁和终身监禁。例外刑只能适用于刑法允许适用的特别严重犯罪。

2. 只有特别严重的犯罪、具有极高的危害性或者对行为人的矫正可能性存在特别困难时，法院才可以适用20年以上30年以下的监禁。

3. 对终身监禁，法院只能适用于实施了本法典第140条第3款规定的特别严重的杀人罪的犯罪人，或者在实施第272条第3款的导致公共危险罪、叛国罪（第309条）、第311条第3款的恐怖主义袭击罪、恐怖主义杀人罪（第312条）、种族灭绝罪（第400条）、反人类攻击罪（第401条）、第411条第3款的使用禁用的作战工具或者作战方法罪、第412条第3款的战争虐待罪、第413条第3款的迫害平民罪或者第415条第3款的滥用获得国际承认的标志或者国家标志罪这些特别严重的犯罪时，故意导致他人死亡并且具有下列情节的行为人：

a）该特别严重的犯罪因以应予以特别谴责的方式实施、出于应予以特别谴责的动机或者后果特别严重并且难以弥补而极度严重；并且

b）为了有效保护社会必须适用终身监禁，或者对之适用20年以上30年以下的监禁不能对其实现矫正。

4．在适用终身监禁的同时，法院可以确定该行为人应当在高度戒备监狱执行的监禁期间，该期间在适用假释时不能计算在已经执行的刑罚期间内。

第五节　各类刑罚的适用和执行

第55条　监禁

1．除了对为了有组织犯罪集团的利益实施犯罪行为的人的加重监禁（第108条）或者例外刑（第54条）外，所适用的实际执行的监禁的最高期限为20年。①

2．对监禁刑的上限不超过3年的犯罪，如果对行为人适用其他刑罚明显地不足以使其以正常的方式生活的，可以适用实际执行的监禁。

3．实际执行的监禁，依据其他法律的规定在监狱中执行。

---

① 2009年8月7日第306/2009号法律修正。

第 56 条　监禁的执行

1. 实际执行的监禁按情况分别在下列监狱中执行：

a）实施监视的监狱；

b）实施高度监视的监狱；

c）实施戒备的监狱；或者

d）实施高度戒备的监狱。

2. 法院通常按照下列规定确定监狱类型：

a）对因为过失实施犯罪而被判处监禁并且没有正在为另一故意犯罪执行监禁的罪犯，在实施监视的监狱内执行；

b）对因为过失实施犯罪而被判处监禁并且正在为另一故意犯罪执行监禁的罪犯，或者因为故意犯罪被判处不超过 3 年监禁并且没有正在为另一故意犯罪执行监禁的罪犯，在实施高度监视的监狱内执行；

c）对因为故意犯罪被判处监禁并且不符合交付高度戒备监狱执行之条件的罪犯，或者因为过失实施犯罪被判处监禁但是未被交付实施监视的监狱或者实施高度监视的监狱执行的罪犯，在实施戒备的监狱内执行；

d）对被判处例外刑（第 54 条）的罪犯、为了有组织犯罪集团的利益实施犯罪行为（第 108 条）而被判处监禁的罪犯、因为实施特别严重的犯罪（第 14 条第 3 款）而被判处不少于 8 年监禁的罪犯或者从羁押状态或者监狱脱逃之后 5 年内又因为故意犯罪被判处监禁的罪犯，在实施高度戒备的监狱内执行。

3. 如果考虑犯罪的严重性和行为人危险性的程度、性质认为交付警卫程度更高的其他类型的监狱执行有利于使罪犯未来以正常的方式生活的，法院可以对罪犯交付非本条第 2 款所指的监狱执行；但是对判处终身监禁的罪犯，在任何情况下都必须交付高度戒备的监狱执行。

4．在不同类型监狱内的刑罚执行方法，由其他法律作出规定。

第57条　将罪犯转交其他类型的监狱

1．在监禁的执行过程中，法院可以将罪犯从其正在执行的监狱转交高一等级的其他类型监狱执行。

2．如果罪犯的行为表现和履行义务的方式证明有助于其矫正的，法院可以决定将罪犯转交其他较为自由的监狱内执行。

3．如果罪犯具有下列情形之一的，法院可以决定将其转交等级较高的监狱执行：

a）严重地或者重复地违反所规定的命令或者纪律；或者

b）因为在服刑期间所实施的其他犯罪被作出最终有效的有罪判决。

4．在实施高度戒备的监狱内执行的罪犯在下列情形下不能转交其他类型的监狱：

a）被判处终身监禁的罪犯服刑不满10年的；

b）其他在实施高度戒备的监狱内执行的罪犯已服刑期不满所判刑期1/4的。

5．对法院决定以规定方式接受保安治疗的罪犯或者被判处驱逐出境的罪犯，不能转交实施监视的监狱或者实施高度监视的监狱执行。

6．基于在特定类型的监狱服刑已满1/4刑期并且不少于6个月的罪犯所提出的申请，法院可以决定将其转交较为自由的其他类型的监狱执行；但被判处终身监禁并且正在实施高度戒备监狱中服刑的罪犯不能适用该规定。

7．如果本条第6款所指的申请未被批准的，罪犯可以在该申请的程序终止之日起6个月后再次提出申请。

第58条 监禁的特别减轻

1. 如果法院基于案件情节或者行为人的情况认为，适用刑法规定的监禁刑对罪犯畸重并且通过较短期间的刑罚能够实现罪犯矫正的，可以将监禁刑期减轻到本法典法定最低刑以下。

2. 对协助阻止他人的犯罪预备行为或者犯罪未遂行为的罪犯，如果法院基于行为人的情况和所其实施的犯罪的性质认为，适用较短期间的刑罚能够实现罪犯矫正的，也可以将监禁刑期减轻到法定最低刑以下。

3. 在依据本条第1款和第2款的规定减轻处罚时，不能低于下列规定期间处刑：

a）如果监禁的法定最低刑不低于12年的，不能低于5年；

b）如果监禁的法定最低刑不低于8年的，不能低于3年；

c）如果监禁的法定最低刑不低于5年的，不能低于1年。

4. 对作为有组织犯罪集团成员所实施、协助有组织犯罪集团所实施或者为了有组织犯罪集团的利益所实施的特别严重的犯罪共同被告人的罪犯，如果考虑所供认的犯罪的性质、帮助阻止犯罪既遂、帮助查明犯罪事实、行为人的行为所起作用大小以及案件的情节（尤其是行为人是否以及以什么方式参与实施这些特别严重的犯罪、帮助阻止犯罪既遂、查明这些犯罪和行为造成了什么后果），符合其他法律规定的条件的，法院可以将监禁刑期减轻到法定最低刑以下。此种减轻不受本条第3款所规定的期间限制。

5. 对预备实施犯罪行为、实行犯罪行为未遂或者帮助实施犯罪的罪犯，如果法院基于其预备、未遂、帮助的性质和严重程度认为，适用刑法规定的监禁刑对罪犯畸重并且通过较短期间的刑罚能够实现罪犯矫正的，法院可以将监禁刑期减轻到法定最低刑以下。此种减轻不受本条第 3 款所规定的期间限制。

6. 在本来可以避免的法律认识错误（第 19 条第 2 款）下实施行为的罪犯、针对迫近的侵害或者其他危险所实施的不完全符合紧急避险（第 28 条）或者正当防卫（第 29 条）成立条件的行为的罪犯、实施超出被允许的危险限度的行为的罪犯（第 30 条）或者实施超出其他违法阻却事由限度的行为的罪犯，法院可以将监禁刑期减轻到法定最低刑以下。此种减轻不受本条第 3 款所规定的期间限制。

第 59 条　监禁的特别加重

1. 此前已经因为实施某种特别严重的犯罪（第 14 条第 3 款）而被执行刑罚的行为人，再次实施同种或者非同种的特别严重的犯罪的，如果基于累犯、案件的其他严重情节和罪犯矫正可能性的困难而认为该犯罪特别严重的，应当将刑法对之规定的监禁刑上限提高 1/3，法官应当在加重后的刑期上限 1/2 以上处刑。

2. 经过本条第 1 款所指的加重后，监禁的上限不能超过 20 年。如果被加重的是作为例外刑的 20 年以上 30 年以下监禁，加重后的上限不得超过 30 年。①

第 60 条　家中监禁

1. 如果罪犯符合下列条件的，法院可以判处 2 年以下家中监禁：

a）基于犯罪的性质、严重程度和犯罪人的人身、情况可以合理地认为适用家中监禁是充分的（在和其他刑罚并科时是必要的）；并且

---

① 2009 年 8 月 7 日第 306/2009 号法律修正。

b）罪犯提供在规定的时间内居住于指定的住所并且为监督提供一切所需的帮助的书面承诺。①

2. 如果基于犯罪的性质、严重程度和犯罪人的人身、情况认为没有必要适用其他刑罚的，可以单独适用家中监禁。

3. 除非法院另有规定，被判处家中监禁的罪犯有义务停留于指定的住所，在公共假日和休假日应当整天停留于住所，其他日期则须于当日20点至次日5点停留于住所内，但存在重要阻却事由（主要是从事工作、职业或者因为疾病在医疗机构中接受健康护理）的除外；医疗机构有义务要求罪犯向刑事诉讼参与机关说明事实。法院可以准许罪犯参加定期礼拜、宗教集会，或者给予公共假日和休假。

4. 法院可以要求罪犯在家中监禁执行期间遵守本法典第48条第4款规定的适当的禁令或者合理的义务以使其以正常的方式生活；通常还可以命令其尽其所能地赔偿犯罪所造成的所有损失。

5. 如果罪犯的年龄接近未成年人年龄的，法院可以对之单独适用命令其接受家庭、学校或者其他机构的教育活动（也可以是比照《青少年司法法》对青少年所规定的适用条件适用该法所指的某些教育措施），或者与本条第4款所指的适当的禁令和合理的义务一并予以适用。

第61条 易科监禁

1. 如果家中监禁执行受阻的，判处家中监禁的法院可以将其易科为1年以下监禁。

2. 家中监禁执行受阻，是指不遵守本法典第60条第3款至

① 2009年8月7日第306/2009号法律修正。

第5款规定的义务；在此种情况下，法院决定执行所易科的监禁并且规定其执行方式。

第62条　社区服务

1. 对实施轻罪的罪犯，法院可以适用社区服务；如果基于犯罪的性质、严重程度和犯罪人的人身、情况认为没有必要适用其他刑罚的，可以单独适用社区服务。

2. 如果罪犯在过去3年内所被判处的社区服务曾经依据本法典第65条第2款的规定被易科监禁刑期的，通常不应当再对之适用社区服务。

3. 社区服务要求罪犯在指定范围内从事社会公益劳动，包括保养公共场所、清洁和保养公共建筑物、道路或者其他类似的公益劳动，或者为从事教育、科学、文化、学校、卫生、防火、环境保护、青少年促进和保护、动物保护、人道主义、社会福利、慈善、宗教、体育教育、体育活动的公共机构或者其他公益机构从事劳动。罪犯不能以牟利为目的从事劳动。

第63条　社区服务的刑罚幅度

1. 法院可以在50小时至300小时的范围内适用社区服务刑。

2. 法院可以要求罪犯在社区服务执行期间遵守本法典第48条第4款规定的适当的禁令或者合理的义务以使其以正常的方式生活；通常还可以命令其尽其所能地赔偿犯罪所造成的所有损失。

3. 如果罪犯的年龄接近未成年人年龄的，法院可以对之单独适用命令其接受家庭、学校或者其他机构的教育活动（也可以是比照《青少年司法法》对青少年所规定的适用条件适用该法所指的某些教育措施），或者与本法典第48条第4款所指的适当的禁令和合理的义务一并予以适用。

第 64 条　犯罪人的意见及其健康适应性

在适用社区服务时，法院应当考虑罪犯的意见、其健康状况和适用该刑罚的可能性。如果罪犯身体不适合从事连续劳动的，不能适用社区服务。

第 65 条　社区服务的执行

1. 罪犯应当在法院命令执行之日起 1 年内在非工作时间亲自并且无偿地从事社区服务。但下列期间不能计入上述期间内：

a）罪犯因为健康或者法律障碍不能执行社区服务的；或者

b）被羁押或者执行监禁刑。

2. 如果罪犯在作出判决之后直至社区服务完成之前，不能以正常方式生活、逃避开始服刑、无正当理由地违反所商定的社区服务义务或者其他方式阻碍刑罚执行或者有过错地不在规定期间内执行所判刑罚的，法院可以（即使在规定的服刑期间内也可）将社区服务全部或者其剩余部分易科为监禁，同时确定监禁的执行方式；每 2 小时尚未执行的社区服务折抵 1 日监禁。

3. 作为例外，对具备本条第 2 款所指易科监禁事由的罪犯，法院可以基于案件和罪犯的情况，决定维持所判处的社区服务不变或者延长其期间 6 个月以下，同时：

a）规定罪犯在整个刑期或者剩余刑期内接受保护观察；

b）规定罪犯在整个刑期或者剩余刑期内遵守本法典第 48 条第 4 款规定的适当的禁令或者合理的义务；或者

c）如果罪犯的年龄接近未成年人年龄的，规定其在整个刑期或者剩余刑期内接受本法典第 63 条第 3 款所指的教育活动。

保护观察应当相应地适用本法典第 49 条至第 51 条的规定。

4. 在社区服务执行完毕或者其全部或者部分刑期被生效判决免除时，被判处社区服务的罪犯视为从未受过有罪判决。

第 66 条　没收财产

1．对被判处例外刑的罪犯或者为自己或者他人获取或者试图获取财产利益而实施特别严重犯罪的罪犯，法院可以考虑所实施犯罪的情节和罪犯的情况判处没收财产。

2．在不符合本条第 1 款所指条件的情况下，只有对刑法分则允许适用没收财产的犯罪，法院才可以判处没收财产；如果基于所实施犯罪的性质、严重程度和犯罪人的人身、情况认为没有必要适用其他刑罚的，可以单独适用没收财产。

3．没收财产的对象为罪犯的全部财产或者只及于法院所确定部分财产；没收财产不能及于用以满足罪犯或者罪犯依法有义务赡养或者抚养的人的生存需求所必需的资金或者财产。

4．没收财产的判决导致配偶共有财产的分割。

5．被没收的财产应当上缴国家。

第 67 条　罚金

1．如果罪犯是为自己或者他人获取或者试图获取财产利益而实施故意犯罪的，法院可以适用罚金。

2．如果不符合本条第 1 款所指条件的，法院只有在下列情况下才可以适用罚金：

a）刑法分则允许对该犯罪适用罚金的；或者

b）基于犯罪的性质、严重程度和犯罪人的人身、情况决定不适用实际执行监禁的轻罪。

3．如果基于犯罪的性质、严重程度和犯罪人的人身、情况认为没有必要适用其他刑罚的，可以单独适用罚金。

第 68 条　罚金的幅度

1．罚金以日数形式适用，日数的下限为 20 日，上限为 730 日。

2. 罚金日额的下限为 100 捷克克朗，上限为 50000 捷克克朗。

3. 法院考虑犯罪的性质和严重程度确定罚金的日数。法院应当考虑罪犯的个人情况和财产状况确定罚金的日额。通常应当以罪犯实际具有或者可能具有的日平均纯收入确定日额。

4. 法院在确定罚金日额时应当考虑罪犯的收入、财产、财产的收益以及其他证券。

5. 法院应当在判决中指明罚金的日数和日额。如果根据罪犯的个人情况和财产状况无法期待罚金能被立即支付的，法院可以规定以每月支付合理数额的方式令其分期支付该罚金；如果该罪犯无法按时地支付分期付款的，法院可以决定免除罚金支付。

6. 如果明显地不可能征收的，法院不应当适用罚金。

7. 所缴纳的罚金归国家所有。

第 69 条　易科监禁

1. 在所判处的罚金未在规定的期间内被执行的，法院可以将其易科为 4 年以下监禁。易科的监禁或者和被判处的监禁并罚后的监禁的刑期，均不能超过所犯之罪的法定最高刑。

2. 对因为过失犯罪而被判处罚金的罪犯，在罚金执行完毕或者其全部或者剩余部分支付被生效判决免除时，视为从未受过有罪判决。

第 70 条　没收财物或者其他物品

1. 法院可以决定没收具有下列情形之一的财物或者其他物品：

a）已经用于实施犯罪的；

b）意图用于实施犯罪的；

c）罪犯通过犯罪行为所获取的或者作为实施犯罪报酬的；

或者

d）转换 c 项所指的财物或者其他物品所得的财物或者其他物品，如果只是部分地来源于前者的，只要 c 项所指的财物或者其他物品的价值与该所得财物或者其他物品的价值相比并非微不足道的也不例外。

2. 只有财物或者其他物品归罪犯所有时，法院才能适用没收财物或者其他物品之刑罚。

3. 罪犯违反其他法律的规定持有本条第 1 款和第 2 款所指的可以适用没收财物或者其他物品之刑罚的财物或者其他物品的，法院应当对之适用没收财物或者其他物品之刑罚。

4. 在作出判决之前，法定机关应当禁止所涉财物或者其他物品的转让（包括禁止意图妨碍没收财物或者其他物品之刑罚的其他处分）。

5. 所被没收的财物或者其他物品归国家所有。

第 71 条　没收替代价值

1. 对法院可以依据本法典第 70 条第 1 款和第 2 款的规定宣布予以没收的财物或者其他物品，如果在适用没收财物或者其他物品之刑罚之前被毁灭、破坏、以其他方式能够使之贬值、处分、使之无法使用、移除、利用（尤其是消费或者以其他方式妨碍没收）的，法院可以决定没收与该财物或者其他物品价值数额相当的替代价值。法院基于专业计量或者专家鉴定确定宣布没收的财物或者其他物品的价值。

2. 如果财物或者其他物品只是部分被贬值、使之无法使用、移除的，法院可以在依据本法典第 70 条第 1 款规定的没收财物或者其他物品之外，同时适用没收替代价值。

3. 所被没收的替代价值归国家所有。

第 72 条 没收财物或者其他物品的独立适用

只有刑法分则允许适用没收财物或者其他物品的犯罪并且基于所实施犯罪的性质、严重程度和犯罪人的人身、情况认为没有必要适用其他刑罚的，法院才可以单独适用没收财物或者其他物品。

第 73 条 剥夺资格

1. 如果犯罪的实施与特定的资格相关的，法院可以适用 1 年以上 10 年以下的剥夺资格。

2. 只有刑法分则允许适用剥夺资格的犯罪并且基于所实施犯罪的性质、严重程度和犯罪人的人身、情况认为没有必要适用其他刑罚的，法院才可以单独适用剥夺资格。

3. 剥夺资格，是指在判决确定的期间内禁止从事需要获得特别许可或者依据其他法律的特别规定进行管理的工作、职业、职位或者其他此类资格。

第 74 条 剥夺资格的执行

1. 罪犯被执行监禁的期间不能计算在剥夺资格的刑期内；但是，在判决最终生效之前依据其他法律或者公共权力机关的决定，临时禁止罪犯以与所犯之罪有关的资格行事的期间，应当计算在刑期内。

2. 对被判处剥夺资格的罪犯，在剥夺资格执行完毕时，视为从未受过有罪判决。

第 75 条 禁止居留

1. 对于故意犯罪，如果基于罪犯以往的生活方式、犯罪地的公共秩序保护、家庭、健康、道德、财产认为必要的，法院可以适用 1 年以上 10 年以下的禁止居留；禁止居留不能适用于罪犯永久居住的场所或者地区。

2. 对刑法规定的最高刑不超过 3 年监禁的犯罪，如果基于所实施犯罪的性质、严重程度和犯罪人的人身、情况认为没有必要适用其他刑罚的，法院可以单独适用禁止居留。

3. 法院可以要求罪犯在禁止居留执行期间遵守本法典第 48 条第 4 款规定的适当的禁令或者合理的义务以使其以正常的方式生活；通常还可以命令其尽其所能地赔偿犯罪所造成的所有损失。

4. 如果罪犯的年龄接近未成年人年龄的，法院可以对之单独适用命令其接受家庭、学校或者其他机构的教育活动（也可以是比照《青少年司法法》对青少年所规定的适用条件适用该法所指的某些教育措施），或者与本法典第 48 条第 4 款所指的适当的禁令和合理的义务一并予以适用。

5. 罪犯服监禁刑的期间不能计入禁止居留的刑期；在监禁服刑完毕或者被假释之后，法院再依据本条第 3 款和第 4 款作出相应的决定。

6. 禁止居留，是指罪犯在判决确定的期间内不能居留于特定的场所或者地区；因个人事务需要暂时居留于这些场所或者地区的，必须获得批准。

第 76 条　禁止参加体育活动、文化活动和其他社会活动

1. 对与参加体育活动、文化活动和其他社会活动有关而实施的故意犯罪，法院可以适用禁止参加体育活动、文化活动和其他社会活动之刑罚，期间为 10 年以下。

2. 如果基于所实施犯罪的性质、严重程度和犯罪人的人身、情况认为没有必要适用其他刑罚的，法院可以单独适用禁止参加体育活动、文化活动和其他社会活动之刑罚。

3. 禁止参加体育活动、文化活动和其他社会活动之刑罚，是指禁止罪犯在判决确定的期间内参加规定的体育活动、文化活动和其他社会活动。

第 77 条 禁止参加体育活动、文化活动和其他社会活动的执行

1. 被判处禁止参加体育活动、文化活动和其他社会活动的罪犯，必须以规定的方式配合缓刑监督官尤其是执行制订的考验计划、执行规定的社会培训和矫正计划、执行心理咨询计划；在举行捷克共和国警察机关规定禁止其参加的活动的直接相关期间内，缓刑监督官在认为必要的情况下可以要求罪犯依据指令向其报到。

2. 罪犯服监禁刑的期间不能计入禁止参加体育活动、文化活动和其他社会活动之刑罚的刑期。

第 78 条 剥夺荣誉头衔或者奖励

1. 对基于值得特别谴责的动机实施故意犯罪而被判处不少于 2 年实际执行的监禁的罪犯，法院可以适用剥夺荣誉头衔或者奖励。

2. 剥夺荣誉头衔或者奖励，意味着罪犯丧失荣誉、奖励或者依据国家法律授予的其他荣誉头衔。

第 79 条 剥夺军衔

1. 对基于值得特别谴责的动机实施故意犯罪而被判处不少于 2 年实际执行的监禁的罪犯，法院可以适用剥夺军衔。

2. 如果基于所犯之罪的性质认为是军队的纪律和命令所必需时，法院也可以附加于其他刑罚适用剥夺军衔。

3. 剥夺军衔，是指降低罪犯在军队中的军衔等级。

第 80 条 驱逐出境

1. 对不属于捷克共和国公民的罪犯，如果基于人身安全、财产安全或者其他公共利益安全认为有必要时，法院可以单独或者附加适用驱逐出境；如果基于所实施犯罪的性质、严重程度和犯罪人的人身、情况认为没有必要适用其他刑罚的，法院可以单独适用驱逐出境。

2. 法院可以考虑犯罪的性质和严重程度、罪犯的矫正可能性和情况、对人身安全、财产安全或者其他公共利益安全的威胁程度，适用驱逐出境1年以上10年以下或者永久驱逐出境。

3. 如果具有下列情形之一的，法院不应当适用驱逐出境之刑罚：

a）不能证实行为人的国籍的；

b）罪犯被依据其他法律规定给予政治避难或者附属保护的；

c）在捷克共和国有工作和社交背景而被给予捷克共和国永久居住资格并且适用驱逐出境将有害家庭团聚的；

d）罪犯面临在被驱逐所到的国家因为其种族、属于特定族群、民族、属于特定社会团体、政治信仰、宗教信仰遭受迫害之危险，或者驱逐出境将使罪犯遭受酷刑或者其他有辱人格的虐待或者刑罚的；

e）罪犯是处于捷克共和国境内的被给予永久居留资格的欧盟公民或者其家庭成员（无论其国籍），或者是被依法给予在捷克共和国长期居留之法律资格的外国人，如果没有发现危及国家安全或者公共秩序的重大事由的；

f）罪犯是欧盟公民并且在过去10年内连续居住于捷克共和国，如果没有发现危及国家安全的重大事由的；或者

g）欧盟公民的子女，除非驱逐出境对该罪犯最为有利的。

第六节　暂缓执行监禁

第81条　暂缓执行监禁

1. 对不超过3年的监禁，如果考虑罪犯的人身、情况（尤

其是以往的生活状况、生活环境、工作环境）和案件的情节可以合理地认为，执行刑罚对于使罪犯以正常的方式生活而言没有必要的，法院可以附条件地暂缓执行刑罚。

2．监禁的暂缓执行，不能及于附属于监禁适用的其他刑罚。

第 82 条　考验期间、合理禁令和合理义务

1．暂缓执行监禁的考验期为 1 年以上 5 年以下；考验期从判决最终确定之日起计算。

2．法院可以要求被缓刑罪犯在考验期间遵守本法典第 48 条第 4 款规定的适当的禁令或者合理的义务以使其以正常的方式生活；通常还可以命令其尽其所能地赔偿犯罪所造成的所有损失。

3．如果罪犯的年龄接近未成年人年龄的，法院可以对之单独适用命令其接受家庭、学校或者其他机构的教育活动（也可以是比照《青少年司法法》对青少年所规定的适用条件适用该法所指的某些教育措施），或者与本法典第 48 条第 4 款所指的适当的禁令和合理的义务一并予以适用。

4．被缓刑人以正常的方式生活并且遵守所被判处的义务的期间，应当计入针对同一犯罪行为的缓刑重新确定的考验期内，也应当计入在对并罚的刑罚、合并的刑罚、对连续犯的共同刑罚缓刑的考验期间内。

第 83 条　缓刑的决定

1．如果被缓刑人在考验期内以正常方式生活并且履行所被适用的义务的，法院应当作出确认其表现的决定；在相反的情况下，法院可以在考验期内决定实际执行其刑罚。对具备让暂缓执行监禁实际执行事由的罪犯，作为例外，法院可以基于案件和罪犯的情况，决定维持缓刑并且：

a）决定将罪犯交付保护观察；

b）在适当的情况下延长考验期，但不得超过2年，也不得超过本法典第82条第1款所规定的考验期的上限；或者

c）适用（在尚未适用的情况下）本法典第48条第4款规定的适当的禁令和合理的义务以使其以正常的方式生活。

2. 保护观察的执行，相应地适用本法典第49条至第51条的规定。

3. 如果法院没有在考验期届满之后1年内作出本条第1款所指的决定，并且不是因为被缓刑人的过错如此的，视为法院已经对被缓刑人作出确认其表现的决定。

4. 如果被缓刑人被法院宣告确认其行为表现或者视为获得该确认的，视为其未曾受到有罪判决。

5. 如果法院依据本条第1款的规定决定执行刑罚的，同时应当确定监禁的执行方式。

第84条　交付保护观察的暂缓执行监禁

对不超过3年的监禁，如果在考验期间存在对罪犯的行为人的行为进行监督、管理和提供必需的照料、帮助的更多需要的，本法典第81条第1款规定的法院可以决定暂缓执行刑罚，同时将罪犯交付保护观察。保护观察的执行，应当相应地适用本法典第49条至第51条的规定。

第85条　考验期间、适当禁令和合理义务

1. 交付保护观察的暂缓执行监禁的考验期为1年以上5年以下；考验期从判决最终确定之日起计算。

2. 法院可以要求交付保护观察的缓刑罪犯在考验期间遵守本法典第48条第4款规定的适当的禁令或者合理的义务以使其以正常的方式生活；通常还可以命令其尽其所能地赔偿犯罪所造成的所有损失。

3. 如果罪犯的年龄接近未成年人年龄的，法院可以对之单独适用命令其接受家庭、学校或者其他机构的教育活动（也可以是比照《青少年司法法》对青少年所规定的适用条件适用该法所指的某些教育措施），或者与本法典第48条第4款所指的适当的禁令和合理的义务一并予以适用。

第86条 交付保护观察的缓刑的决定

1. 如果被交付保护观察的被缓刑人在考验期内以正常方式生活并且履行所被适用的义务的，法院应当作出确认其表现的决定；在相反的情况下，法院可以在考验期内决定实际执行刑罚。对具备让暂缓执行监禁实际执行事由的罪犯，作为例外，法院可以基于案件和罪犯的情况，决定维持交付保护观察的缓刑并且：

a）规定保护观察下所适用的其他义务；

b）在适当的情况下延长考验期，但不得超过2年，也不得超过本法典第85条第1款所规定的考验期的上限；或者

c）适用（在尚未适用的情况下）第48条第4款规定的适当的禁令和合理的义务以使其以正常的方式生活。

2. 如果法院没有在考验期届满之后1年内作出本条第1款所指的决定，并且不是因为被缓刑人的过错如此的，视为法院已经对被缓刑人作出确认其表现的决定。

3. 如果被缓刑人被法院宣告确认其行为表现或者视为获得该确认的，视为其未曾受到有罪判决。

4. 如果法院依据本条第1款的规定决定执行刑罚的，同时应当确定监禁的执行方式。

第87条 缓刑规定的类比适用

本法典第81条第2款关于被缓刑刑罚附加适用刑罚的规定和第82条第4款关于被交付保护观察缓刑的罪犯以正常方式生活的

考验期间计入新的考验期间的规定，作相应变更后适用于交付保护观察的缓刑。

第七节　监禁的假释和剥夺资格、禁止居留、禁止参加体育活动、文化活动或者其他社会活动之剩余刑罚的附条件免予执行

第 88 条　监禁的假释

1．在罪犯所被判处的监禁刑期或者依据捷克共和国总统的决定被减轻后的监禁刑期服刑满 1/2 之后，如果罪犯在服刑期间以其行为表现和履行义务证明其矫正的，并且具有下列情形之一的，法院可以决定将其假释：

a）可以期待其将来会以正常的方式生活的；或者

b）法院接受罪犯完成矫正的保证的。

2．在罪犯因为实施轻罪所被判处的监禁刑期或者依据捷克共和国总统的决定被减轻后的监禁刑期服刑满 1/2 之前，如果罪犯在服刑期间以其行为表现和履行义务证明其矫正而被认为没有必要继续执行刑罚的，法院可以决定将其假释。

3．在依据本条第 1 款和第 2 款作出决定时，还应当考虑罪犯开始服刑的时间长短以及对犯罪所造成的损失或者其他损害是否部分或者全部地进行赔偿或者以其他方式进行弥补。如果罪犯在监禁执行之前或者执行期间被执行保安治疗的，法院还应当考虑其执行保安治疗的表现情况。

4．被判处构成杀人罪（第 140 条），第 141 条第 2 款的激情杀人罪，第 145 条第 3 款的故意重伤罪，第 149 条第 4 款的酷刑和其他不人道虐待罪，第 159 条第 3 款和第 4 款的未获孕妇同意

的非法堕胎罪，第 164 条第 3 款和第 4 款的非法摘除组织和器官罪，第 168 条第 4 款和第 5 款的贩卖人口罪，第 170 条第 2 款和第 3 款的剥夺人身自由罪，第 172 条第 3 款和第 4 款的强迫移民罪，第 173 条第 3 款和第 4 款的抢劫罪和劫持人质罪，第 175 条第 3 款和第 4 款的恐吓罪，第 185 条第 3 款和第 4 款的强奸罪，第 187 条第 3 款和第 4 款的性侵害罪，第 272 条第 2 款和第 3 款的导致公共危险罪，第 283 条第 4 款的非法制造或者处分麻醉药品、精神药品或者毒品罪，劫持航空器、民用船舶或者固定平台罪（第 290 条），第 292 条第 3 款的使航空器非法出境罪，叛国罪（第 309 条），颠覆共和国罪（第 310 条），恐怖主义袭击罪（第 311 条）、恐怖主义杀人罪（第 312 条），蓄意破坏罪（第 314 条），第 316 条第 3 款和第 4 款的间谍罪，战事叛国罪（第 320 条），第 339 条第 3 款的暴力越境罪，第 340 条第 4 款的组织或者便利非法越境罪，种族灭绝罪（第 400 条），反人类攻击罪（第 401 条），针对人群的种族隔离和歧视罪（第 402 条），准备侵略战争罪（第 406 条），勾结外国威胁和平罪（第 409 条），第 411 条第 3 款的使用禁用的作战工具或者作战方法罪，战争虐待罪（第 412 条），迫害平民罪（第 413 条），劫掠军事行动区域罪（第 414 条），第 415 条第 3 款的滥用获得国际承认的标志或者国家标志罪的罪犯，以及被判处作为例外刑的 20 年以上 30 年以下监禁（第 54 条第 2 款）的罪犯，在服刑满 2/3 之后，如果基于其所犯之罪的情节和人格特征认为不存在再次实施上述犯罪或者类似的其他特别严重的危险的，法院可以予以假释。

5. 被判处作为例外刑的终身监禁的罪犯，在服刑满 20 年之后，如果基于其所犯之罪的情节和人格特征认为不存在再次实施上述犯罪或者类似的其他特别严重的危险的，法院可以予以假释。

第 89 条　假释的考验期间、合理禁令和合理义务

1. 法院可以对假释确定 1 年以上 7 年以下考验期间；考验期间从罪犯被假释之日起计算。法院也可以决定将其交付保护观察。保护观察的执行可以经必要的变更后相应地适用本法典第 49 条至第 51 条的规定。

2. 法院可以对被假释的罪犯适用本法典第 48 条第 4 款规定的适当的禁令或者合理的义务以使其以正常的方式生活；通常还可以命令其尽其所能地赔偿犯罪所造成的所有损失。在依据本法典第 88 条第 2 款的规定适用假释时，法院可以要求被假释人在考验期内（尤其是夜间、下班时间、假日）居留于住所，或者为市政机关、国家机关或者其他公共机构劳动，或者存入规定数额的金钱到法院规定账户帮助犯罪的被害人。

3. 依据本条第 2 款规定对被假释罪犯确定的居留于住所的总期间，既不能超过 1 年，也不能超过考验期间。本条第 2 款所指的从事劳动的期间，可以在 50 小时以上 200 小时以下确定。第 2 款所指的对犯罪被害人的经济帮助的金额，可以在 2000 捷克克朗以上 10000000 捷克克朗以下确定；在确定数额时以及在按月分期支付的情况下确定其每月应当支付的合理数额时，法院应当考虑犯罪人的人身和财产情况。

第 90 条　剥夺资格、禁止居留、禁止参加体育活动、文化活动或者其他社会活动之剩余刑罚的附条件免予执行

1. 在剥夺资格、禁止居留、禁止参加体育活动、文化活动或者其他社会活动服刑满 1/2 之后，如果罪犯以其在服刑期间的生活方式表明没有必要继续执行刑罚或者法院接受罪犯提出的继续完成矫正的保证的，法院可以决定附条件地免除其剩余刑罚。

2. 对予以附条件免除剥夺资格、禁止居留、禁止参加体育活动、文化活动或者其他社会活动之刑罚的罪犯，法院可以规定5年以下的考验期，但考验期不得低于剩余刑期；考验期从免除刑罚的决定生效之日起计算。

第91条 共同规定

1. 如果被假释的罪犯或者被附条件免除剥夺资格、禁止居留、禁止参加体育活动、文化活动或者其他社会活动之刑罚的罪犯，在考验期内以正常方式生活并且履行所被适用的义务的，法院应当作出确认其表现的决定；在相反的情况下，法院可以在考验期内决定执行其剩余刑罚。

2. 被假释的罪犯或者被附条件免除剥夺资格、禁止居留、禁止参加体育活动、文化活动或者其他社会活动之刑罚的罪犯，被假释之日起或者作出附条件免除剥夺资格、禁止居留、禁止参加体育活动、文化活动或者其他社会活动之刑罚免除刑罚的决定生效之日，即视为刑罚执行完毕。

3. 对被假释的罪犯或者被附条件免除剥夺资格、禁止居留、禁止参加体育活动、文化活动或者其他社会活动之刑罚的罪犯，如果法院没有在考验期届满之后1年内作出本条第1款所指的决定，并且不是因为罪犯的过错如此的，视为法院已经作出确认其表现的决定，被假释之日起或者作出附条件免除剥夺资格、禁止居留、禁止参加体育活动、文化活动或者其他社会活动之刑罚免除刑罚的决定生效之日，即视为刑罚执行完毕。

4. 在剩余刑期再服刑满1/2之后或者在本法典第88条第4款所指犯罪的剩余刑期再服刑满2/3之后，可以针对同一刑罚再次予以假释。再次假释不能适用于作为例外刑的终身监禁。

5. 在保证人撤销完成罪犯矫正的保证时，法院应当审查罪犯在考验期内的行为表现，如果证明假释或者附条件免除剥夺资格、禁止居留、禁止参加体育活动、文化活动或者其他社会活动之刑罚未实现目的的，决定执行剩余的刑罚；在相反的情况下，决定维持假释或者附条件免除剥夺资格、禁止居留、禁止参加体育活动、文化活动或者其他社会活动之刑罚。

第八节　羁押和刑罚的折算

第 92 条　所受羁押和刑罚的折算

1．在针对被羁押的行为人进行的刑事诉讼最终对之作出有罪判决的案件中，如果所判处刑罚的种类可以折抵的，应当将羁押期间从所判处的刑罚（包括并罚的刑罚或者合并的刑罚）中予以折抵。

2．在已经被法院或者其他机关处罚过的行为人又因同一行为被判决有罪的案件中，如果所判处刑罚的种类可以折抵的，应当将先前所受的处罚从新判处的刑罚中予以折抵。与之相类似，法院也可以对罪犯适用并罚的刑罚或者合并的刑罚（第 43 条）或者对连续犯的共同刑罚（第 45 条）。

3．如果根据所判处刑罚的种类审前羁押不能和所判刑罚折抵的，法院应当在量定刑罚的种类或者幅度时考虑罪犯已受羁押的事实。

第 93 条　在国外所受羁押和刑罚的折算

1．在罪犯已经在国外因为同一行为被外国机关或者国际司法机构羁押或者处罚的案件中，如果所判处刑罚的种类可以折抵的，在国外受羁押或者处罚的期间可以在捷克共和国法院所判处的刑罚中予以折抵。与之相类似，法院也可以对罪犯适用并罚的刑罚或者合并的刑罚（第 43 条）或者对连续犯的共同刑罚（第 45 条）。

2. 如果本条第 1 款所指的在国外所受的羁押或者处罚无法被折抵的，尤其是已经在国外全部或者部分地被执行某种捷克共和国刑法没有规定的刑罚的，法院应当在量定刑罚的种类或者幅度时考虑罪犯已在国外受羁押或者处罚的事实。

第九节 刑罚消灭

第 94 条 行刑时效

1. 在经历下列时效期间后，刑罚不能被执行：

a）例外刑，为 30 年；

b）超过 10 年的监禁，为 20 年；

c）不少于 5 年的监禁，为 10 年；

d）其他刑罚，为 5 年。

2. 时效期间从判决生效、准予假释或者附条件免除剩余刑罚的决定生效之日起算。

3. 行刑时效期间不包括刑罚因为行为人身处国外、执行机构内的保安治疗、保安收容而无法执行刑罚或者正在执行其他剥夺自由刑而无法执行的期间。对罚金、剥夺资格、禁止居留、禁止参加体育活动、文化活动或者其他社会活动而言，行刑时效期间也不包括执行其他剥夺自由刑的期间。①

4. 行刑时效期间在下列情况下中断：

a）法院在行刑时效期间内采取意图执行刑罚的行动；或者

① 2009 年 8 月 7 日第 306/2009 号法律修正。

b）被判刑人在时效期间内实施法定刑相同或者更重的新罪的。

5. 行刑时效中断后，重新起算时效期间。

第 95 条　不适用行刑时效的犯罪

适用于第 35 条所列犯罪的刑罚，不适用行刑时效的规定。

第三章　保安处分

第一节　适用保安处分的一般原则

第 96 条　相适应原则

1. 除非基于行为人所实施的犯罪行为的性质和严重性、行为人存在将来危害刑罚所保护利益的危险、行为人的人身及其情况认为有必要，否则不能适用保安处分。

2. 保安处分的适用和执行所导致的损害，不能超过实现其宗旨所必需的限度。

第 97 条　保安处分的适用

1. 保安处分可以按照法定条件独立或者附属于刑罚适用。

2. 只有单独适用的刑罚不足以矫正行为人和保护社会的，才能附加适用类似性质的保安处分。

3. 如果符合适用多个保安处分的条件的，除非刑法另有规定，否则可以彼此附加适用。如果只适用其中一种保安处分就能够对行为人产生必要的效果和足以保护社会的，只适用一种保安处分。

4. 如果同时适用数个不能同时执行的保安处分的，法院应当确定其执行顺序。

第二节 保安处分及其适用

第 98 条 保安处分的种类

1. 保安处分包括保安治疗、保安收容、查扣财物或者其他物品和保安教育。

2. 保安教育的适用由《青少年司法法》作出的规定。

3. 保安治疗不能附加于保安收容适用。

第 99 条 保安治疗

1. 在本法典第 40 条第 2 款和第 47 条第 1 款所指的情况下，或者行为人因为是在精神错乱状态下实施行为而不承担刑事责任并且对其放任自由会存在危险情况下，法院应当适用保安治疗。

2. 对下列情形，法院也可以适用保安治疗：

a）实施犯罪行为的人处于精神错乱状态并且对其放任自由会存在危险；或者

b）滥用致瘾物质的人在与该滥用所致的影响作用下或者与该滥用相关的情况下实施犯罪的；但是考虑行为人的人身、情况明显不可能实现其目的，不能适用保安治疗。

3. 保安治疗可以附加于刑罚适用，也可以在免除刑罚时单独适用。

4. 依据疾病的性质和治疗方案，法院决定适用机构保安治疗或者门诊保安治疗。如果机构保安治疗附加于监禁适用的，保安治疗通常在罪犯入监开始服刑之后开始实施。在入监开始执行监禁之后不能实施保护治疗的案件中，如果认为能够更好地实现治疗目的的，于入监执行监禁之前在医疗机构中实施机构保安治疗；在其他情况下，在监禁刑被执行完毕或者以其他方式结束之后在医疗机构中实施。门诊保安治疗通常在罪犯入监开始服刑之后开始实施；如果门诊保护治疗无法在监狱中实施的，在监禁执行完毕后实施。如果法院认为入监服刑的期间长短不足以实现保安治疗的目的的，可以决定在服刑完毕之后继续在医疗机构中接受此种机构治疗或者门诊治疗。

5. 法院可以在随后将机构保安治疗变更为门诊保安治疗，或者反之。在实施机构保安治疗时，如果符合本法典第 100 条第 1 款或者第 2 款规定的条件的，法院可以变更适用保安收容。

6. 保安治疗可以持续到其目的实现所需的期间，但不能超过 2 年；除非该期间不再延长，否则法院应当在该期间届满之前决定延长（可以再次延长）其期间，但每次延长的期间均不得超过 2 年；如果不延长的，应当决定解除行为人的保安治疗。在依据本条第 2 款 b 项适用的保安治疗的实施期间，一旦发现治疗目的不能实现的，可以终止保安治疗；如果行为人存在实施其他犯罪的危险的，法院应当决定解除保安治疗，对行为人适用交付保护观察其行为 5 年以下；保护观察应当作必要变通后相应地适用本法典第 49 条至第 51 条的规定。保安治疗的解除，由法院决定。

7. 如果在保安治疗开始实施之前作为其适用前提的情况不复存在的，法院应当撤销该保安治疗。

第 100 条　保安收容

1. 在本法典第 47 条第 2 款所指的情况下，或者行为人实施了符合特别严重犯罪构成特征的行为但因为精神错乱而不承担刑事责任，对其放任自由会存在危险并且基于精神错乱的性质和对行为人的影响可能性认为无法期待适用保安治疗就足以保护社会的情况下，法院应当适用保安收容。

2. 如果具有下列情形之一的，基于行为人以往的生活方式和个人情况，法院可以适用保安收容：

a）实施犯罪行为的人处于精神错乱状态，对其放任自由会存在危险并且基于精神错乱的性质和对行为人的影响可能性认为无法期待适用保安治疗就足以保护社会的；或者

b）滥用致瘾物质的人曾经在与该滥用所致的影响作用下或者与该滥用相关的情况下实施了特别严重的犯罪被判处不少于2年实际监禁，又实施特别严重的犯罪，并且基于行为人的情况（包括在曾经适用的保护治疗中所表现出的情况）认为无法期待适用保安治疗就足以保护社会的。

3. 保安收容可以在免除刑罚时独立适用，也可以附加于刑罚适用。在保安收容附加于实际执行的监禁适用时，在监禁执行完毕或者因为其他原因终止之后执行。如果行为人在保安收容执行期间被判处实际执行监禁的，在监禁的执行期间保安收容暂缓执行。在该监禁执行完毕之后，继续执行保安收容。

4. 保安收容在采取特别的安保措施并且实施医疗、心理、教育、培训、矫正、职业资格计划的保安收容机构中执行。

5. 保安收容将持续到保护社会所必需的期间。法院应当每12个月对继续执行保安收容的理由是否仍然存在进行至少一次（对未成年人每6个月至少一次）审查。

6. 如果在执行过程中适用保安收容的理由消失但符合适用机构保安治疗的条件的，法院可以变更适用机构保安治疗。

7. 如果在保安收容开始实施之前作为其适用前提的情况不复存在的，法院应当撤销该保安治疗的执行。

第101条 查扣财物或者其他物品

1. 如果没有被适用本法典第70条第1款所指的没收财物或者其他物品之刑罚的，法院可以决定查扣下列财物或者其他物品：

a）属于不能被起诉或者定罪的行为人的财物或者其他物品；

b）属于被法院免除刑罚的行为人的财物或者其他物品；或者

c）危及人身、财产、社会安全或者存在被用于实施犯罪的危险的财物或者其他物品。

d）转换c项所指的财物或者其他物品所得的财物或者其他物品，如果只是部分地来源于前者的，只要c项所指的财物或者其他物品的价值与该所得财物或者其他物品的价值相比并非微不足道也不例外。

2. 在不符合本条第1款所指条件时，法院只能决定查扣犯罪行为所得（即使不是直接所得也不例外），尤其是：

a）通过犯罪行为所获取或者作为实施犯罪报酬但不归行为人所有的财物或者其他物品；

b）行为人以外的其他人所得的财物或者其他物品来源于行为人通过犯罪行为所获取或者作为实施犯罪报酬的财物或者其他物品，如果只是部分地来源于后者的，只要后者的价值与该所得财物或者其他物品的价值相比并非微不足道的也不例外；或者

c）行为人以外的其他人所得的财物或者其他物品来源于b项所指的财物或者其他物品，如果只是部分地来源于后者的，只要后者的价值与该所得财物或者其他物品的价值相比并非微不足道的也不例外。

3. 行为人或者其他人违反其他法律的规定持有本条第1款

和第 2 款所指的可以适用查扣财物或者其他物品之保安处分的财物或者其他物品的，法院应当对之适用查扣财物或者其他物品之保安处分。

4. 法院可以不适用查扣财物或者其他物品而适用下列义务，并且规定其履行期限：

a）对财物或者其他物品进行改造使其不能被用于危害社会用途；

b）拆除其设备；

c）去除或者改变其标志；或者

d）禁止对这些财物或者其他物品进行处分。

5. 如果不在规定期限内履行本条第 4 款所指的义务的，法院应当决定查扣这些财物或者其他物品。

4. 在作出判决之前，法定机关应当禁止所涉财物或者其他物品的转让（包括禁止意图妨碍没收财物或者其他物品之刑罚的其他处分）。

5. 所被没收的财物或者其他物品归国家所有。

第 102 条　查扣替代价值

对可以依据本法典第 101 条第 1 款或者第 2 款的规定宣布予以查扣的财物或者其他物品，如果在法院适用查扣财物或者其他物品之保安处分之前被毁灭、破坏、以其他方式能够使之贬值、处分、使之无法使用、移除、利用（尤其是消费或者以其他方式妨碍查扣），或者实施违反本法典第 70 条第 4 款所规定的禁令阻止没收财物或者其他物品之刑罚的行为，或者实施违反本法典第 104 条第 2 款所规定的禁令阻止查扣财物或者其他物品之保安处分的行为的，法院可以决定查扣与该财物或者其他物品价值数额相当的替代价值。法院基于专门计量或者专家鉴定确定宣布查扣的财物或者其他物品的价值。

第 103 条　查扣文书和设备

1. 对其包含的内容故意进行传播将符合刑法规定的犯罪构成特征的文字或者文书，如果其中至少有一份已经被传播、被决定传播或者预备传播的，依据本法典第 101 条第 1 款的规定决定予以查扣。同时还应当查扣实际用于或者意图用于制作这些文字或者文书的设备，尤其是印刷机、底片、模板、纸张、负片、铸模、排版、计算机程序、复印设备；本法典第 101 条第 4 款和第 5 款的规定相应地予以适用。

2. 对上述文字或者文书予以协助传播或者准备传播，或者以出版、广告、展示或者其他类似方式予以公开，或者以邮件方式发送，但是这些文字或者文书尚未交付给接收人的，对上述行为人所持有的文字或者文书予以查扣。

3. 对其包含的内容故意进行传播将符合刑法规定的犯罪构成特征的文字或者文书，虽然存在犯罪阻却事由不构成犯罪但是为了防止其非法传播有必要予以查扣的，相应地适用本条第 1 款和第 2 款的规定予以查扣。

第 104 条　查扣的效力

1. 被查扣的财物或者其他物品、被查扣的替代价值、被查扣的文书或者工具，归国家所有。

2. 适用查扣财物或者其他物品和适用本法典第 101 条第 4 款规定的义务，经相应变通后适用本法典第 70 条第 4 款的规定；可以依据本法典第 101 条第 4 款适用禁止转让义务，如果不履行该义务的，作出最终查扣决定（第 101 条第 5 款）。

第六编 前科消灭

第105条 前科消灭的期间

1．被判决有罪的人在服刑完毕或者免除刑罚之后，连续地以正常方式生活所经历的期间不少于下列时间的，法院应当消灭其前科：

a）判处例外刑的有罪判决，为15年；

b）判处超过5年监禁的有罪判决，为10年；

c）判处超过1年监禁的有罪判决，为5年；

d）判处不超过1年监禁或者驱逐出境的有罪判决，为3年；

e）因为故意犯罪而被判处家中监禁、没收财产、没收财物或者其他物品、禁止居留、禁止参加体育活动、文化活动和其他社会活动或者罚金的有罪判决，为1年。

2．被判处剥夺荣誉头衔或者奖励或者剥夺军衔的有罪判决，根据其所附加适用的监禁的长度按照本条第1款的规定确定消灭期间。

3．在执行完毕、免除刑罚或者行刑时效已满之后，如果犯罪人以其良好的行为表现表明其已经被矫正的，基于犯罪行为人或者其他权利人的申请并且提出完成犯罪行为人矫正的保证时，考虑刑罚所保护的利益，法院可以决定消灭其前科（甚至在本条第1款所指的期间届满之前也可）。

4．在本条第1款所指的期间的适用中，罪犯被假释之日视为服刑完毕之日，以其实际执行的刑期长短计算行刑时效期间；

在依据被捷克共和国总统的决定减刑的案件中，以减刑后的刑期长短计算行刑时效期间。

5. 如果罪犯被同时适用数个刑罚的，在其中刑期最长的刑罚的前科消灭之前，不能消灭其前科。

6. 虽然罪犯被同时判处数个刑罚但是依据刑法规定对犯罪人视为从未受到有罪判决的案件，[①] 也相应地适用本条第 5 款的规定。

7. 如果保安处分没有因为被执行或者其他原因而终止的，即使本条第 1 款所指的期间届满，也不能消灭其有罪前科；该规定也相应地适用于依据刑法规定对犯罪人视为从未受到有罪判决的案件。

第 106 条　前科消灭的效力

如果前科消灭的，行为人被视为从未受过有罪判决。

① 例如，暂缓执行监禁考验期满且未被撤销的，视为从未受到有罪判决。——译者注

第七编 关于特定犯罪人的特别规定

第 107 条 为了有组织犯罪集团的利益实施犯罪行为的人

1. 为了有组织犯罪集团（第 129 条）的利益实施犯罪行为的人，是指作为有组织犯罪集团的成员实施故意犯罪的人，或者在明知是实施了故意犯罪的有组织犯罪集团成员而向其提供帮助的人，或者意图向有组织犯罪集团提供帮助的人。

2. 作为有组织犯罪集团成员或者与有组织犯罪集团协力实施犯罪的人，即使不符合本法典规定的上述条件的，也可以认定为为了有组织犯罪集团的利益实施犯罪行为的人。

第 108 条 对为了有组织犯罪集团的利益实施犯罪行为的人判处监禁刑

1. 针对为了有组织犯罪集团的利益实施犯罪行为的人，对刑法规定的监禁刑的上限加重 1/3。如果犯罪人不符合本法典第 58 条规定的特别减轻条件的，法院也可以对之判处法定最高刑以上加重 1/2 的刑期。

2. 在本条第 1 款所指的加重后，监禁刑的刑期上限不得超过 20 年。在对作为例外刑的 20 年以上 30 年以下监禁进行加重时，加重后的监禁的上限不得超过 30 年。①

---

① 2009 年 8 月 7 日第 306/2009 号法律修正。

第 109 条　青少年

青少年的刑事责任和刑罚，适用《青少年司法法》的规定。如果《青少年司法法》和本法典规定不同的，适用《青少年司法法》的规定。

第八编 解释性规定

第 110 条 刑法

刑法，是指刑法典和《青少年司法法》。

第 111 条 犯罪概念

犯罪，是指依法应当追究刑事的行为，如果刑法另有规定，也包括犯罪预备、犯罪未遂或者组织、教唆、帮助犯罪的行为。

第 112 条 不作为

不作为，是指基于法律规定、官方决定、合同、自愿承担作为义务、先前的危险行为所产生的义务或者基于客观环境和其个人状况的其他原因所要求的义务，本来应当作为但却没有作为的。

第 113 条 对正犯的规定

除非刑法典分则有例外规定，正犯的规定适用于共同正犯和共犯。

第 114 条 特殊主体

1. 如果刑法将特定的特征、身份、地位规定为某犯罪的构成要件的，只有具有该特定的特征、身份、地位的人才能成为其正犯或者共同正犯。分则第十二编的“军事犯罪”的正犯或者共同正犯只能是军人。

2. 对于刑法规定正犯必须是具备特定的特征、身份、地位的犯罪，被法人赋予特定特征、身份、地位为了该法人利益实施该犯罪行为的人，为正犯。即使属于下列情况也应当适用这一规定：

a）行为人的行为实施于法人设立之前；

b）该法人虽然存在但其设立是无效的；或者

c）法人行使诉权对行为人的行为提起确认无效或者撤销之诉讼的。

3. 本条第1款和第2款所指犯罪的组织犯、教唆犯、帮助犯，可以是不具有所规定的特定特征、身份、地位的人。

4. 本法典所指的军人包括：

a）现役军人；

b）穿着军服的非现役军人；

c）实施不服从命令罪（第375条）、过失不服从命令罪（第376条）、上下级军人间的侮辱罪（第378条）、上下级军人间以暴力或者暴力威胁实施的侮辱罪（第379条）、平级军人间以暴力或者暴力威胁实施的侮辱罪（第380条）、针对上级的暴行罪（第381条）、违背警卫职责罪（第389条）、违背管理职责罪（第390条）和第403条第2款c项的发起、支持、宣传以压制人的权利和自由为宗旨的团体罪的安全部队成员；或者

d）战俘。

5. 本法典所指的军事服役或者军事义务，是指本条第4款所指人员的服役或者义务。

第115条　擅离职守

擅离职守是指：

a）不在规定时间内到岗履行服役；

b）在未获得许可的情况下离岗停止服役；

c）作战状态下在不向任何上级或者其他军事单位告知理由的情况下离开服役地点（即使回归或者被释放的俘虏也不例外）。

第 116 条 连续犯

连续犯，是指同一犯罪人基于同一或者概括的意图，连续实施数个手段相同或者类似、实施时间接近和犯罪对象相关的犯罪行为，符合同一犯罪构成特征的犯罪。

第 117 条 公然地实施犯罪

如果具有下列情形之一的，视为“公然地实施犯罪”：

a）以印刷品或者可散布的书面材料的内容、电影、无线电广播、电视、公众可接入的计算机网络或者具有类似效力的其他手段实施犯罪；或者

b）在至少三个人同时在场的情况下实施犯罪。

第 118 条 使用武器实施犯罪

使用武器实施犯罪，是指正犯使用或者在正犯明知的情况下由某一共犯使用武器用于实施攻击、战胜或者压制反抗或者为这些目的而携带武器；除非刑法分则另有规定，武器是指能使针对人身实施更加强力攻击的物品。

第 119 条 以暴力手段实施犯罪

以暴力手段实施犯罪，也包括行为人以欺诈或者其他类似手段让他人陷入无自卫能力状态下对其实施犯罪。

第 120 条 利用技术设备使他人陷入错误或者利用其错误

利用技术设备使他人陷入错误或者利用其错误，也应当包括下列手段在内：干预计算机信息或者数据、干预计算机软件或者在计算机上进行其他操作、干预电子设备或者其他技术设备（包括干预用于管理这些设备的物品），或者利用他人实施上述操作或者干预。

第 121 条 入室

入室，是指以欺骗、未经授权以强制力克服锁定装置或者其

他障碍进入封闭空间。

第 122 条　伤害和严重伤害

1. 伤害，是指侵害正常的身体或者精神功能，在较短的期间内妨碍被害人正常的生活方式并且需要医学治疗的健康损害或者疾病。

2. 严重伤害，是指严重的健康损害或者严重疾病。具有下列情形的，视为严重伤害：

a）肢体残缺；

b）工作能力丧失或者严重受损；

c）某一肢体瘫痪；

d）感觉器官功能丧失或者严重受损；

e）重要器官受损；

f）毁容；

g）导致堕胎或者胎儿死亡；

h）使人极度痛苦的折磨；或者

i）较长期间的健康损害。

第 123 条　精神病

精神病，是指因为精神病、知觉重度障碍、智力缺陷、严重反社会人格障碍、其他严重的精神异常或者性变态所导致的精神障碍。

第 124 条　国家规定或者认可的保密义务

国家规定或者认可的保密义务，是指依据其他法律规定或者认可应当予以保密。如果其他法律并未规定其保密范围而是根据其他法律的规定所采取的法律行为确定其范围的，不视为存在刑法上的“国家规定或者认可的保密义务”。

第 125 条 关系密切人

关系密切人，是指直系血亲、养父母、养子女、兄弟姐妹、配偶或者情人；对存在家庭关系或者类似关系的其他人，如果可以有合理根据地认定只要其中一方受到伤害另外一方就会感到自己受到伤害的，也可以视为密切关系人。

第 126 条 未成年人

除非刑法另有规定，未成年人是指不满 18 周岁的人。

第 127 条 公务员

1. 公务员，是指正在履行国家或者社团的任务并且行使赋予该任务的权力的下列人员：

a）法官；

b）检察官；

c）捷克共和国总统；捷克共和国众议员或者参议员；捷克共和国政府成员；在其他公共权力机关担任职务的其他人员；

d）地方议会、地方政府、国家行政机关或者其他公共权力机关的成员；

e）军队、安全部队或者警察机关的成员；

f）实施执法活动或者代表法院或者检察官实施活动的法院执行员；

g）在遗嘱认证程序中担任法院专员开展活动的公证人；

h）经济仲裁人及其代表；

i）被委任保护森林、保护自然、防止狩猎、护渔的自然人。

2. 本刑法典关于公务员刑事责任和对公务员进行保护的规定，要求该犯罪的实施必须与公务员的权力和责任有关。

3. 在国际条约有规定的情况下，外国国家或者国际组织符合本条第 1 款和第 2 款所规定的人员，视为本刑法典规定的公务员。

第 128 条　破产管理人和破产程序

1．破产管理人，是指临时破产管理人、破产管理人的代表人、独立破产管理人、特别破产管理人；破产财产受托人、破产财产临时受托人、破产财产特别受托人、破产财产受托人和债务和解管理人，也应当认为具有破产管理人地位。破产管理人也应当包括破产管理人依法委托代表其在其他国家领域内依法行使职权的人、外国的破产管理人、外国的保险或者再保险破产管理人，以及外国的破产管理人或者外国的保险或者再保险破产管理人依法委托的协助或者代表其履行职权的人。

2．破产程序，应当理解包括破产程序和债务和解程序。

第 129 条　有组织犯罪集团

有组织犯罪集团，是指多人组成的、具有内部组织结构、存在职责分工和活动分担、以有组织地实施故意犯罪活动为目的的团体。

第 130 条　致瘾物质

致瘾物质，是指酒精、麻醉药品、精神药品或者能够对人的心理、认知能力或者控制能力或者社会行为产生有害影响的其他物质。

第 131 条　公文

1．公文，是指捷克共和国的法院、其他公共权力机关或者法律指定或者授权的其他主体在其权限范围内签发的，用以宣布签发文书的机关或者其他主体的规定或者声明或者证明具有重大法律意义的事实的文书。公文应当依据其他法律的规定进行宣布。

2．本法典第 348 条所规定的保护也适用于外国的公共权力机关或者以其他方式获得授权的外国主体，或者在捷克共和国生效的国际条约的情况下的国际组织的机关所签发的公文。

第 132 条 公用设施

公用设施，是指用于防护火灾、水灾或者其他自然灾害的公用设施，针对空袭、其他类似袭击及其后果的国防设施或者保护设施，污染物质泄漏防护设施，能源或者水源供应设施，海底电缆或者海底管线，电子通信设备和网络、无线电通信终端、无线电设备，邮政许可证持有人的设施，公共交通设施（包括公共铁路运输的轨道部件、铁路车辆、表示禁止或者命令的立体交通标志、表示优先权的交通标志）。

第 133 条 住宅

住宅，是指房屋、公寓或者用于居住的其他空间及其附属设施。

第 134 条 财物和其他财产

1. 财物，是指可以管理的自然能量。除非刑法分则另有规定，活体动物、经过加工的人体的独立部分、账户上的资金或者有价证券，也适用关于财物的规定。

2. 其他财产，是指财物和本条第 1 款所指的视同财物的物品以外的其他财产权利或者可计量的货币价值。

第 135 条 属于犯罪人的财物和其他财产

属于犯罪人的财物和其他财产，是指在对犯罪人作出裁判之时其作为真正所有人、作为实际持有人的没有合法所有人的财物或者其他财产，或者作为持有人或者保管人的来源不明的财物或者其他财产。

第 136 条 文字

除非刑法典分则另有规定，文字包括数据、录音、音像、图片或者其他表现形式。

第 137 条　确定损失数额

在确定财物的损失数额时，应当以受损害的财物在犯罪时和犯罪地被出售的通常价格为依据。如果不能按照该规定确定损失数额的，以获取相同或者类似的财物或者将该财物恢复原状所产生的合理费用为依据。对其他财产的损失数额的确定，相应地适用上述规定进行。

第 138 条　损失、利益以及消除对环境、用品或者其他财产所造成的损害的费用的数额幅度

1. 损失数额小于 5000 捷克克朗的，为损失轻微；损失数额达到 25000 捷克克朗的，为损失较小；损失数额达到 50000 捷克克朗的，为损失较大；损失数额达到 500000 捷克克朗的，为损失巨大；损失数额达到 5000000 捷克克朗的，为损失特别巨大。

2. 本条第 1 款所指的数额幅度也相应地适用于利益和消除对环境、用品或者其他财产所造成的损害的费用。

第 139 条　期间的计算

本法典规定引起特定效力的期间届满，不应当将导致期间开始的法律事实发生之日计算在内。

第二卷 分 则

第一编 侵害生命和健康罪

第一章 侵害生命罪

第 140 条 杀人罪

1. 故意杀害他人的，处 10 年以上 18 年以下监禁。

2. 轻率或者有事先策划故意杀害他人的，处 12 年以上 20 年以下监禁。

3. 在实施本条第 1 款或者第 2 款所指行为时如果具有下列情形之一的，处 15 年以上 20 年以下监禁或者例外刑：

a）针对两个或者两个以上的人实施的；

b）针对孕妇实施的；

c）针对不满 15 周岁的未成年人实施的；①

d）针对正在行使职权的公务员或者因为公务员行使职权的

① 2009 年 8 月 7 日第 306/2009 号法律修正。

活动而对其实施的；

e）因为证人、鉴定人或者翻译人履行其职责而对其实施的；

f）医务人员在从事目的在于救助生命健康的医疗职业或者工作时，或者其他人在履行基于其工作、职业、职位、职权所产生的或者法律所赋予的保护生命、健康、财产的类似义务时实施的；[①]

g）因为他人真实或者假称的种族、族群、国籍、政治观点、宗教信仰或者因为他人真实或者假称不信仰宗教而对之实施的；

h）重复实施该行为的；

i）以特别野蛮或者使人极度痛苦的方法实施行为的；

j）出于为自己或者第三人获取经济利益或者为其他犯罪的实施提供便利、隐瞒其他犯罪的目的，或者基于其他卑劣的动机的。

4. 本罪的预备，亦罚之。

第 141 条　激情杀人罪

1. 在强烈的激情、惊恐、震惊、困惑或者其他情绪支配下或者因为被害人事先的应受谴责的行为而情有可原的情况下故意杀害他人的，处 3 年以上 10 年以下监禁。[②]

2. 在实施本条第 1 款所指行为时如果具有下列情形之一的，处 5 年以上 15 年以下监禁：

a）针对两个或者两个以上的人实施的；

b）针对孕妇实施的；

c）针对不满 15 周岁的未成年人实施的。[③]

---

① 2009 年 8 月 7 日第 306/2009 号法律修正。

② 2009 年 8 月 7 日第 306/2009 号法律修正。

③ 2009 年 8 月 7 日第 306/2009 号法律修正。

第 142 条 杀婴罪

母亲因为分娩所导致的痛苦在分娩时或者紧临分娩完成之后的期间内故意杀死其婴儿的，处 3 年以上 8 年以下监禁。

第 143 条 过失致人死亡罪

1. 过失导致他人死亡的，处 3 年以下监禁或者剥夺资格。

2. 因为违背基于其工作、职业、职位、职权所产生的或者法律所赋予的重要义务而实施本条第 1 款所指的行为的，处 1 年以上 6 年以下监禁。

3. 因为严重地违反环境保护法、工作安全法、交通安全法或者卫生法而实施本条第 1 款所指的行为的，处 2 年以上 8 年以下监禁。

4. 如果本条第 3 款所指的行为导致两人以上死亡之后果的，处 3 年以上 10 年以下监禁。

第 144 条 自杀关联罪①

1. 教唆或者帮助他人自杀，并且至少导致他人自杀未遂的，处 3 年以下监禁。

2. 如果本条第 1 款所指的行为针对未成年人或者孕妇实施的，处 2 年以上 8 年以下监禁。

3. 如果本条第 1 款所指的行为针对不满 15 周岁的未成年人或者患有精神病的人实施的，处 5 年以上 12 年以下监禁。②

---

① 2009 年 8 月 7 日第 306/2009 号法律修正。

② 2009 年 8 月 7 日第 306/2009 号法律修正。

第二章　伤害健康罪

第145条　故意重伤罪

1. 故意导致他人重伤的，处3年以上10年以下监禁。

2. 在实施本条第1款所指行为时如果具有下列情形之一的，处5年以上12年以下监禁：

a）针对两个或者两个以上的人实施的；

b）针对孕妇实施的；

c）针对不满15周岁的未成年人实施的；[①]

d）因为证人、鉴定人或者翻译人履行其职责而对其实施的；

e）医务人员在从事目的在于救助生命健康的医疗职业或者工作时，或者其他人在履行基于其工作、职业、职位、职权所产生的或者法律所赋予的保护生命、健康、财产的类似义务时实施的；[②]

f）因为他人真实或者假称的种族、族群、国籍、政治观点、宗教信仰或者因为他人真实或者假称不信仰宗教而对之实施的；

g）重复实施该行为的；

h）基于卑劣的动机实施的。

3. 如果本条第1款所指的行为致人死亡的，处8年以上16

① 2009年8月7日第306/2009号法律修正。

② 2009年8月7日第306/2009号法律修正。

年以下监禁。[①]

4. 本罪的预备，亦罚之。

第146条 故意伤害罪

1. 故意损害他人健康的，处6个月以上3年以下监禁。

2. 在实施本条第1款所指行为时如果具有下列情形之一的，处1年以上5年以下监禁：

a）针对孕妇实施的；

b）针对不满15周岁的未成年人实施的；

c）因为证人、鉴定人或者翻译人履行其职责而对其实施的；

d）医务人员在从事目的在于救助生命健康的医疗职业或者工作时，或者其他人在履行基于其工作、职业、职位、职权所产生的或者法律所赋予的保护生命、健康、财产的类似义务时实施的；[②]

e）因为他人真实或者假称的种族、族群、国籍、政治观点、宗教信仰或者因为他人真实或者假称不信仰宗教而对之实施的。

3. 如果本条第1款所指的行为致人重伤的，处2年以上8年以下监禁。

4. 如果本条第1款所指的行为致人死亡的，处5年以上10年以下监禁。

第146条A 激情伤害罪[③]

1. 在强烈的激情、惊恐、震惊、困惑或者其他情绪支配下或者因为被害人事先的应受谴责的行为而情有可原的情况下故意伤害他人的，处1年以下监禁。

---

① 2009年8月7日第306/2009号法律修正。

② 2009年8月7日第306/2009号法律修正。

③ 2009年8月7日第306/2009号法律新增。

2. 如果本条第1款所指的行为致人重伤的，处3年以下监禁。

3. 在强烈的激情、惊恐、震惊、困惑或者其他情绪支配下或者因为被害人事先的应受谴责的行为而情有可原的情况下故意导致他人重伤的，处4年以下监禁。

4. 如果具有下列情形之一的，处1年以上6年以下监禁：

a）针对两人以上实施本条第1款或者第3款所指的行为的；

b）针对孕妇实施的；

c）针对不满15周岁的未成年人实施的。[①]

5. 如果本条第1款或者第3款所指的行为致人死亡的，处2年以上8年以下监禁。

第147条　过失重伤罪

1. 过失造成他人重伤的，处2年以下监禁或者剥夺资格。

2. 因为违背基于其工作、职业、职位、职权所产生的或者法律所赋予的重要义务而实施本条第1款所指的行为的，处6个月以上4年以下监禁。

3. 因为严重地违反环境保护法、工作安全法、交通安全法、卫生法而过失造成两人以上重伤的，处2年以上8年以下监禁。

第148条　过失伤害罪

1. 因为违背基于其工作、职业、职位、职权所产生的或者法律所赋予的重要义务而过失伤害他人的，处1年以下监禁或者剥夺资格。

2. 因为严重地违反环境保护法、工作安全法、交通安全法、卫生法而过失导致两人以上受伤的，处3年以下监禁。

---

① 2009年8月7日第306/2009号法律修正。

第三章　威胁生命或者健康罪

第149条　酷刑和其他不人道虐待罪

1. 在与行使国家行政机关、地方政府、法院或者其他公共权力机关的权力有关的情况下，实施酷刑或者其他不人道的虐待，给他人造成身体或者精神痛苦的，处6个月以上5年以下监禁。

2. 如果具有下列情形之一的，处2年以上8年以下监禁：

a）作为公务员实施本条第1款所指的行为的；

b）因为证人、鉴定人或者翻译人履行其职责而对其实施的；

c）因为他人真实或者假称的种族、族群、国籍、政治观点、宗教信仰或者因为他人真实或者假称不信仰宗教而对之实施的；

d）该行为针对两个以上的人实施的；

e）重复实施该行为的。

3. 如果具有下列情形之一的，处2年以上8年以下监禁：

a）本条第1款所指的行为针对孕妇实施的；

b）本条第1款所指的行为针对不满15周岁的未成年人实施的；①

c）以特别残忍或者使人极度痛苦的方式实施的；

d）该行为致人重伤的。

① 2009年8月7日第306/2009号法律修正。

4. 如果本条第1款所指的行为致人死亡的，处8年以上18年以下监禁。[①]

5. 本罪的预备，亦罚之。

第150条　不提供救助罪

1. 在他人面临死亡危险或者显露出严重的健康异常或者其他严重疾病时，能够在不危及自身或者第三人的条件下提供救助而不提供必要的救助的，处2年以下监禁。

2. 在他人面临死亡危险或者显露出严重的健康异常或者其他严重疾病时，基于其工作性质有义务提供救助而不提供必要的救助的，处3年以下监禁或者剥夺资格。

第151条　交通工具驾驶人不提供救助罪

交通工具的驾驶人在其作为当事方的交通事故发生之后，能够在不危及自身或者第三人的条件下向事故伤者提供救助而不提供必要的救助的，处5年以下监禁或者剥夺资格。

第152条　传播人类传染病罪

1. 故意引发或者增大人类传染病传入或者传播的危险的，处6个月以上3年以下监禁或者剥夺资格和没收财物或者其他物品。

2. 如果具有下列情形之一的，处2年以上8年以下监禁：

a）作为有组织犯罪集团的成员实施本条第1款所指的行为的；

b）在国家紧急状态、战争状态、发生自然灾害或者对人的生命、健康、公共秩序、财产构成严重威胁的其他事件时实施本罪的；

c）基于其工作、职业、职位、职权所产生的或者法律所赋

① 2009年8月7日第306/2009号法律修正。

予的重要义务而实施行为的；

d）该行为致人重伤的。

3. 如果本条第 1 款所指的行为导致两人以上重伤或者一人以上死亡后果的，处 3 年以上 10 年以下监禁。

4. 如果本条第 1 款所指的行为导致两人以上死亡后果的，处 5 年以上 12 年以下监禁。

5. 本罪的预备，亦罚之。

第 153 条 过失传播人类传染病罪

1. 过失引发或者增大人类传染病传入或者传播的危险的，处 1 年以下监禁、剥夺资格或者没收财物或者其他物品。

2. 如果具有下列情形之一的，处 6 个月以上 3 年以下监禁：

a）在国家紧急状态、战争状态、发生自然灾害或者对人的生命、健康、公共秩序、财产构成严重威胁的其他事件时实施本条第 1 款所指的行为的；

b）基于其工作、职业、职位、职权所产生的或者法律所赋予的重要义务而实施行为的；

c）该行为致人重伤的。

3. 如果具有下列情形之一的，处 1 年以上 6 年以下监禁：

a）本条第 1 款所指的行为导致死亡后果的；

b）本条第 2 款 b 项所指的行为致人重伤的。

4. 如果因为严重违反保护公共卫生的法律而实施本条第 3 款所指的犯罪的，处 2 年以上 8 年以下监禁。

5. 如果因为严重违反保护公共卫生的法律实施本条第 1 款所指的犯罪，造成两人以上死亡后果的，处 3 年以上 10 年以下监禁。

第 154 条 共同规定

由政府法令对人类传染病的含义作出规定。

第 155 条　引起性病传染危险罪

导致（即使过失也不例外）性病传染危险的，处 1 年以下监禁。

第 156 条　以有害食品或者其他物品危害公众健康罪

1. 故意违反其他法律的规定，出售、为了出售而制作、为自己或者他人获取其摄入或者通常使用有害于人体健康的食品或者其他物品的，处 2 年以下监禁、剥夺资格或者没收财物或者其他物品。

2. 如果具有下列情形之一的，处 2 年以上 8 年以下监禁：

a）作为有组织犯罪集团的成员实施本条第 1 款所指的行为的；

b）在国家紧急状态、战争状态、发生自然灾害或者对人的生命、健康、公共秩序、财产构成严重威胁的其他事件时实施本罪的；

c）基于其工作、职业、职位、职权所产生的或者法律所赋予的重要义务而实施行为的；

d）该行为致人重伤的。

3. 如果本条第 1 款所指的行为导致两人以上重伤或者一人以上死亡的，处 3 年以上 10 年以下监禁。

4. 如果本条第 1 款所指的行为导致两人以上死亡的，处 5 年以上 12 年以下监禁。

5. 本罪的预备，亦罚之。

第 157 条　过失以有害食品或者其他物品危害公众健康罪

1. 过失违反其他法律的规定，出售、为了出售而制作、为自己或者他人获取其摄入或者通常使用有害于人体健康的食品或者其他物品的，处 6 个月以下监禁、剥夺资格或者没收财物或者其他物品。

2. 如果具有下列情形之一的，处2年以下监禁：

a）在国家紧急状态、战争状态、发生自然灾害或者对人的生命、健康、公共秩序、财产构成严重威胁的其他事件时实施本条第1款所指的行为的；

b）基于其工作、职业、职位、职权所产生的或者法律所赋予的重要义务而实施行为的；

c）该行为致人重伤的。

3. 如果具有下列情形之一的，处1年以上5年以下监禁：

a）本条第1款所指的行为导致死亡后果的；

b）本条第2款b项所指的行为致人重伤的。

4. 严重地违反卫生法或者与此类食品或者对象有关的其他法律而实施本条第3款a项所指的犯罪的，处2年以上8年以下监禁。

5. 如果严重地违反卫生法或者与此类食品或者对象有关的其他法律而实施本条第1款所指的行为，导致两人以上死亡的，处3年以上10年以下监禁。

第158条 斗殴罪

1. 以参加斗殴的方式故意危及他人的生命或者健康的，处1年以下监禁。

2. 如果实施本条第1款所指的行为导致他人重伤的，处6个月以上5年以下监禁或者罚金。

3. 如果本条第1款所指的行为导致他人死亡的，处2年以上8年以下监禁。

第四章　堕胎罪

第 159 条　未获孕妇同意的非法堕胎罪

1. 在未获得孕妇同意的情况下为其堕胎的，处 2 年以上 8 年以下监禁。

2. 如果具有下列情形之一的，处 3 年以上 10 年以下监禁：

a）如果本条第 1 款所指的行为针对不满 18 周岁的孕妇实施的；

b）使用暴力、暴力威胁或者造成其他严重损害之威胁实施行为的；

c）利用孕妇的危难状态或者对其的依赖实施行为的；

d）重复实施该行为的；

e）该行为致人重伤的。

3. 如果本条第 1 款所指的行为导致两人以上重伤或者一人以上死亡后果的，处 5 年以上 12 年以下监禁。

4. 如果本条第 1 款所指的行为导致两人以上死亡后果的，处 8 年以上 16 年以下监禁。

5. 本罪的预备，亦罚之。

第 160 条　获得孕妇同意的非法堕胎罪

1. 在获得孕妇同意的情况下，以《堕胎法》所不允许的方式为其堕胎的，处 1 年以上 5 年以下监禁或者剥夺资格。

2. 如果具有下列情形之一的，处 2 年以上 8 年以下监禁：

a）针对不满 18 周岁的孕妇实施本条第 1 款所指的行为的；

b）意图为自己或者第三人获取数额巨大的利益而实施该行为的；

c）重复实施该行为的；

d）该行为致人重伤的。

3．如果本条第 1 款所指的行为导致两人以上重伤或者一人以上死亡后果的，处 3 年以上 10 年以下监禁。

4．如果本条第 1 款所指的行为导致两人以上死亡后果的，处 5 年以上 12 年以下监禁。

5．本罪的预备，亦罚之。

第 161 条　帮助孕妇堕胎罪

1．帮助孕妇实施下列行为的，处 1 年以下监禁：

a）自己堕胎的；

b）请求他人或者允许他人以非法律许可的方式为其堕胎的。

2．如果具有下列情形之一的，处 6 个月以上 5 年以下监禁：

a）本条第 1 款所指的行为是针对不满 18 周岁的孕妇实施的；

b）该行为导致孕妇重伤的。

3．如果本条第 1 款所指的行为导致孕妇死亡的，处 1 年以上 6 年以下监禁。

第 162 条　引诱孕妇堕胎罪

1．引诱孕妇实施以下行为的，处 2 年以下监禁：

a）自己堕胎的；

b）请求他人或者允许他人以非法律许可的方式为其堕胎的。

2．如果具有下列情形之一的，处 6 个月以上 5 年以下监禁：

a）本条第 1 款所指的行为是针对不满 18 周岁的孕妇实施的；

b）利用孕妇的危难或者对其的依赖实施行为的；

c）该行为致使孕妇重伤的。

3. 如果本条第 1 款所指的行为导致孕妇死亡的，处 1 年以上 6 年以下监禁。

第 163 条　共同规定

孕妇自己堕胎或者请求、准许他人为自己堕胎的，不构成上述犯罪，也不能按照教唆犯和帮助犯的规定追究刑事责任。

第五章　与非法买卖人体组织、器官、人类胚胎和人类基因组有关的犯罪

第 164 条　非法摘除组织和器官罪

1. 违背其他法律的规定，从他人身体上摘取组织、细胞、器官的，处 2 年以上 8 年以下监禁。

2. 违背其他法律的规定，为自己或者第三人获取、经纪、提供、进口、出口、运输从活人身体上所摘取的组织、细胞、器官，或者以其他方式处分这些组织、细胞、器官的，处以与前款相同的刑罚。

3. 如果具有下列情形之一的，处 5 年以上 12 年以下监禁，可以并处没收财产：

a）针对未成年人实施本条第 1 款或者第 2 款所指的行为的；

b）使用暴力、暴力威胁或者造成其他严重损害之威胁实施行为的；

c）利用危难状态或者对其的依赖关系实施行为的；

d）该行为针对两个以上的人实施的；

e）重复实施该行为的；

f）作为有组织犯罪集团的成员实施该行为的；

g）该行为致人重伤的；

h）意图为自己或者第三人获取数额巨大的利益而实施该行为的。

4. 如果具有下列情形之一的，处 8 年以上 16 年以下监禁，可以并处没收财产：[①]

a）本条第 1 款或者第 2 款所指的行为针对不满 16 周岁的未成年人实施的；

b）与跨国有组织犯罪集团协同实施犯罪的；

c）行为致人死亡的；

d）意图为自己或者第三人获取数额特别巨大的利益而实施该行为的。

5. 本罪的预备，亦罚之。

第 165 条 非法使用组织和器官罪

1. 违背其他法律的规定，从人的尸体上摘取组织、细胞、器官的，处 2 年以下监禁或者剥夺资格。

2. 出于为自己或者第三人获取利益的目的，违背其他法律的规定处分所摘取的上述组织、细胞、器官的，处以与前款相同的刑罚。

3. 如果具有下列情形之一的，处 1 年以上 5 年以下监禁，可以并处没收财产：

① 2009 年 8 月 7 日第 306/2009 号法律修正。

a）重复实施本条第1款或者第2款所指的行为的；

b）作为有组织犯罪集团的成员实施该行为的；

c）意图为自己或者第三人获取数额巨大的利益而实施该行为的。

4. 如果具有下列情形之一的，处2年以上8年以下监禁，可以并处没收财产：

a）意图为自己或者第三人获取数额巨大的利益而实施本条第1款或者第2款所指的行为的；

b）与跨国有组织犯罪集团协同实施犯罪的。

第166条　将摘取的组织、器官用于移植获取报酬罪

1. 违背其他法律的规定，亲自或者通过中间人提议给予、许诺给予或者实际给予他人报酬以摘取其身体的组织、细胞、器官或者实施移植的，处5年以下监禁。

2. 违背其他法律的规定，亲自或者通过中间人，针对摘取组织、器官或者实施移植为自己或者第三人要求给予报酬、接受给予报酬或者给予报酬的许诺的，处以与前款相同的刑罚。

3. 如果具有下列情形之一的，处3年以上10年以下监禁，可以并处没收财产：

a）作为有组织犯罪集团的成员实施本条第1款或者第2款所指的行为的；

b）致人重伤的；

c）针对未成年人实施的。

4. 如果具有下列情形之一的，处5年以上12年以下监禁，可以并处没收财产：

a）与跨国有组织犯罪集团协同实施本条第1款或者第2款所指的行为的；

b）致人死亡的；

c）针对不满15周岁的未成年人实施的。

第167条 非法使用人类胚胎和人类基因组罪

1．违背其他法律的规定，具有下列行为之一的，处3年以下监禁或者剥夺资格：

a）从事人类胚胎、较大数量的人类胚胎干细胞或者其谱系的应用研究；

b）进口或者出口人类胚胎、较大数量的人类胚胎干细胞或者其谱系；或者

c）将人类基因植入其他种类动物的细胞或者将其他动物的基因植入人类细胞。

2．如果具有下列情形之一的，处以与前款相同的刑罚：

a）出于植入女性体内以外的其他目的，实施意图产生人类胚胎的干预活动；

b）将所产生的人类胚胎植入其他动物的子宫内；或者

c）在人类胚胎干细胞研究中对这些细胞实施意图产生新的人体（生殖性克隆）的操作。

3．如果具有下列情形之一的，处3年以上8年以下监禁，可以并处没收财产：

a）作为有组织犯罪集团的成员实施本条第1款或者第2款所指的行为的；

b）重复地实施该行为的；

c）意图为自己或者第三人获取数额巨大的利益而实施该行为的。

4．如果具有下列情形之一的，处5年以上12年以下监禁，可以并处没收财产：

a）与跨国有组织犯罪集团协同实施本条第 1 款或者第 2 款所指的行为的；

b）意图为自己或者第三人获取数额特别巨大的利益而实施该行为的。

5. 本罪的预备，亦罚之。

第二编 侵犯受保护的自由、人身权利、隐私和通信秘密罪

第一章 侵犯自由罪

第 168 条 贩卖人口罪

1. 怂恿、雇用、招募、引诱、诱拐、运送、藏匿、控制、交付未成年人，意图利用其从事下列行为，或者接收下列行为的被害人的，处 2 年以上 10 年以下监禁：

a）实施性交或者其他形式的性侵害、性骚扰或者制作淫秽物品；

b）从其身体摘取组织、细胞、器官；

c）在军队中服役；

d）为奴隶或者从事劳役；或者

e）强制劳动或者其他形式的剥削。

2. 以使用暴力、暴力威胁、造成其他严重损害、诡计、滥用他人的认识错误或者危难或者对其的依赖为手段，怂恿、雇用、招募、引诱、诱拐、运送、藏匿、控制、交付本条第 1 款所指以外的其他人，意图利用其从事下列行为，或者接收下列行为

的被害人的，处以与前款相同的刑罚：

a）实施性交或者其他形式的性侵害、性骚扰或者制作淫秽物品；

b）从其身体摘取组织、细胞、器官；

c）在军队中服役；

d）为奴隶或者从事劳役；或者

e）从事强制劳动或者其他形式的剥削。

3. 如果具有下列情形之一的，处5年以上12年以下监禁，可以并处没收财产：

a）作为有组织犯罪集团的成员实施本条第1款或者第2款所指的行为的；

b）该行为使他人陷入重伤或者死亡危险之中的；

c）意图为自己或者第三人获取数额巨大的利益而实施本罪的；

d）意图将他人用于卖淫目的而实施本罪的。

4. 如果具有下列情形之一的，处8年以上15年以下监禁，可以并处没收财产：

a）本条第1款或者第2款所指的行为致人重伤的；

b）意图为自己或者第三人获取数额特别巨大的利益而实施本罪的；

c）与跨国有组织犯罪集团协同实施犯罪的。

5. 如果本条第1款或者第2款所指的行为致人死亡的，处10年以上18年以下监禁，可以并处没收财产。[①]

6. 本罪的未遂，亦罚之。

---

① 2009年8月7日第306/2009号法律修正。

第 169 条 将未成年人交付他人支配罪

1. 为了获取报酬将未成年人交付他人用于收养或者其他类似目的的，处 3 年以下监禁或者剥夺资格。

2. 如果具有下列情形之一的，处 2 年以上 8 年以下监禁，可以并处没收财产：

a）作为有组织犯罪集团的成员实施本条第 1 款所指的行为的；

b）该行为致人重伤的；

c）重复地实施该行为的；

d）意图为自己或者第三人获取数额巨大的利益的目的实施本罪的。

3. 如果具有下列情形之一的，处 3 年以上 10 年以下监禁，可以并处没收财产：

a）本条第 1 款所指的行为致人死亡的；

b）意图为自己或者第三人获取数额特别巨大的利益而实施本罪的；

c）与跨国有组织犯罪集团协同实施犯罪的。

第 170 条 剥夺人身自由罪

1. 在未获授权的情况下羁押他人或者以其他方式剥夺他人人身自由的，处 2 年以上 8 年以下监禁。

2. 如果具有下列情形之一的，处 5 年以上 12 年以下监禁：

a）作为有组织犯罪集团的成员实施本条第 1 款所指的行为的；

b）因为他人真实或者假称的种族、族群、国籍、政治观点、宗教信仰或者因为他人真实或者假称不信仰宗教而对之实施的；

c）该行为使人遭受身体或者精神折磨的；

d）该行为致人重伤的；

e）意图为自己或者第三人获取数额巨大的利益而实施本罪的。

3. 如果具有下列情形之一的，处 8 年以上 16 年以下监禁，可以并处没收财产：①

a）本条第 1 款所指的行为导致死亡后果的；

b）意图为自己或者第三人获取数额特别巨大的利益而实施本罪的。

4. 本罪的预备，亦罚之。

第 171 条　妨碍人身自由罪

1. 在未获授权的情况下妨碍他人行使人身自由的，处 2 年以下监禁。

2. 如果意图为其他犯罪的实施提供便利而实施本条第 1 款所指的行为的，处 3 年以下监禁。

3. 如果具有下列情形之一的，处 2 年以上 8 年以下监禁，可以并处没收财产：

a）作为有组织犯罪集团的成员实施本条第 1 款所指的行为的；

b）因为他人真实或者假称的种族、族群、国籍、政治观点、宗教信仰或者因为他人真实或者假称不信仰宗教而对之实施的；

c）该行为使人遭受身体或者精神折磨的；

d）该行为致人重伤的；

e）意图为自己或者第三人获取数额特别巨大的利益而实施本罪的。

---

① 2009 年 8 月 7 日第 306/2009 号法律修正。

4. 如果具有下列情形之一的，处3年以上10年以下监禁：

a）本条第1款所指的行为导致死亡后果的；

b）意图为自己或者第三人获取数额特别巨大的利益而实施本罪的。

第172条 强迫移民罪

1. 使用欺骗、暴力、暴力威胁、造成其他损害的手段，让他人移民国外、怂恿已经移民国外的人不回国或者妨碍其回国的，处2年以上8年以下监禁。

2. 使用欺骗、暴力、暴力威胁、造成其他损害的手段，让他人从国外移民到捷克共和国、怂恿已经移民到捷克共和国的人不离开捷克共和国或者妨碍其离开捷克共和国的，处以与前款相同的刑罚。

3. 如果具有下列情形之一的，处5年以上12年以下监禁：

a）作为有组织犯罪集团的成员实施本条第1款或者第2款所指的行为的；

b）因为他人真实或者假称的种族、族群、国籍、政治观点、宗教信仰或者因为他人真实或者假称不信仰宗教而对之实施的；

c）该行为使人遭受身体或者精神折磨的；

d）该行为致人重伤的；

e）意图为自己或者第三人获取数额巨大的利益而实施本罪的。

4. 如果具有下列情形之一的，处8年以上16年以下监禁：①

a）本条第1款或者第2款所指的行为致人死亡的；

b）意图为自己或者第三人获取数额特别巨大的利益而实施

---

① 2009年8月7日第306/2009号法律修正。

本罪的。

5．本罪的预备，亦罚之。

第173条　抢劫罪

1．使用暴力或者迫近的暴力威胁，意图夺取他人财物的，处2年以上10年以下监禁：

2．如果具有下列情形之一的，处5年以上12年以下监禁：

a）作为有组织犯罪集团的成员实施本条第1款所指的行为的；

b）该行为致人重伤的；

c）行为造成巨大的损失的；

d）意图为叛国罪（第309条）、恐怖主义袭击罪（第311条）或者恐怖主义杀人罪（第312条）的实施创造条件或者提供便利而实施本罪的。

3．如果本条第1款所指的行为造成特别巨大的损失的，处8年以上15年以下监禁。

4．如果本条第1款所指的行为致人死亡的，处10年以上18年以下监禁。①

5．本罪的预备，亦罚之。

第174条　劫持人质罪

1．劫持人质并且威胁杀害或者造成伤害或者其他严重损害，强迫他人做某事、不做某事或者容忍某事的，处2年以上10年以下监禁。

2．如果具有下列情形之一的，处5年以上12年以下监禁：

a）作为有组织犯罪集团的成员实施本条第1款所指的行

① 2009年8月7日第306/2009号法律修正。

为的；

b）劫持未成年人做人质的；

c）劫持多人做人质的；

d）该行为致人重伤的；

e）意图为自己或者第三人获取数额巨大的利益而实施本罪的。

3. 如果意图为自己或者第三人获取数额特别巨大的利益而实施本罪的，处8年以上15年以下监禁。

4. 如果本条第1款所指的行为致人死亡的，处10年以上18年以下监禁。①

5. 本罪的预备，亦罚之。

第175条 恐吓罪

1. 以暴力或者威胁使用暴力或者造成其他严重损害为手段，强迫他人做某事、不做某事或者容忍某事的，处6个月以上4年以下监禁或者罚金。

2. 如果具有下列情形之一的，处2年以上8年以下监禁：

a）作为有组织犯罪集团的成员实施本条第1款所指的行为的；

b）由两人以上实施该行为的；

c）使用武器实施本罪的；

d）行为造成巨大的损失的；

e）因为证人、鉴定人或者翻译人履行其职责而对其实施的；

f）因为他人真实或者假称的种族、族群、国籍、政治观点、宗教信仰或者因为他人真实或者假称不信仰宗教而对之实

① 2009年8月7日第306/2009号法律修正。

施的。

3. 如果具有下列情形之一的，处5年以上12年以下监禁：

a）该行为致人重伤的；

b）意图为叛国罪（第309条）、恐怖主义袭击罪（第311条）或者恐怖主义杀人罪（第312条）的实施创造条件或者提供便利而实施本罪的；

c）行为造成特别巨大的损失的。

4. 如果本条第1款所指的行为致人死亡的，处8年以上16年以下监禁。

5. 本罪的预备，亦罚之。

第176条　限制宗教自由罪

1. 以暴力或者以使用暴力或者造成其他损害为内容的威胁为手段实施下列行为的，处2年以下监禁：

a）强迫他人参加宗教活动；

b）在未获得同意的情况下阻止他人参加宗教活动；

c）在其他方面妨碍行使宗教自由的。

2. 如果在实施本条第1款所指的行为时具有下列情形之一的，处1年以上5年以下监禁或者罚金：

a）针对三人以上实施的；

b）使用武器实施的。

第177条　强迫罪

1. 利用他人的危难或者对其的依赖性强迫他人做某事、不做某事或者容忍某事的，处1年以下监禁或者剥夺资格。

2. 如果具有下列情形之一的，处6个月以上3年以下监禁：

a）本条第1款所指的行为造成巨大的损失的；

b）意图为自己或者第三人获取数额巨大的利益而实施本

罪的。

3. 如果具有下列情形之一的，处1年以上5年以下监禁或者罚金：

a）本条第1款所指的行为造成特别巨大的损失的；

b）意图为自己或者第三人获取数额特别巨大的利益而实施本罪的。

第178条　侵犯住宅自由罪

1. 非法进入他人的住宅或者在其中非法停留的，处2年以下监禁。

2. 如果使用暴力、即刻实施暴力的威胁或者克服用于阻止侵入的障碍的手段实施本条第1款所指的行为的，处6个月以上3年以下监禁。

3. 如果使用暴力、即刻实施暴力的威胁的手段实施本条第1款所指的行为，同时具有针对两人以上实施或者使用武器实施情节之一的，处1年以上5年以下监禁或者罚金。

第179条　侵犯结社和集会自由罪

1. 以暴力或者以使用暴力或者造成其他严重损害为内容的威胁为手段限制他人行使结社或者集会权利的，处2年以下监禁或者剥夺资格。

2. 如果行为是针对需要备案才能举行的集会实施，或者是以暴力或者即刻实施暴力威胁的手段针对集会的召集人或者组织者实施敌对的执法措施的方式实施的，处1年以下监禁。

第二章　侵犯受保护的人身权利、隐私和通信秘密罪

第180条　非法使用个人资料罪

1．在未获得授权的情况下，公开、传播、泄露、使第三人获悉、以其他方式处分、侵占（即使出于过失也不例外）因为行使公共权力所获取的他人个人资料，因此对该个人资料相关人员的权利和正当利益造成重大损害的，处3年以下监禁或者剥夺资格。

2．在未获得授权的情况下，违反国家规定或者认可的保密义务，公开、传播、使第三人获悉（即使出于过失也不例外）因为从事职业、工作、职责所获取的他人个人资料，因此对该个人资料相关人员的权利和正当利益造成重大损害的，处以与前款相同的刑罚。

3．如果具有下列情形之一的，处1年以上5年以下监禁、罚金或者剥夺资格：

a）作为有组织犯罪集团的成员实施本条第1款或者第2款所指的行为的；

b）利用报刊、电影、无线电广播、电视、公共计算机系统或者具有类似效果的其他方式实施行为的；

c）行为造成巨大的损失的；

d）意图为自己或者第三人获取数额巨大的利益而实施本罪的。

4. 如果具有下列情形之一的，处3年以上8年以下监禁：

a）本条第1款或者第2款所指的行为造成特别巨大的损失的；

b）意图为自己或者第三人获取数额特别巨大的利益而实施本罪的。

第181条　损害他人权利罪

1. 以下列方式对他人的权利造成严重损害的，处2年以下监禁或者剥夺资格：

a）使他人陷入错误；

b）利用他人的错误。

2. 如果具有下列情形之一的，处3年以下监禁：

a）本条第1款所指的行为对他人的权利造成巨大损害的；

b）通过该行为为自己或者第三人获取数额巨大的利益的；

c）公务员实施该行为的。

3. 如果具有下列情形之一的，处6个月以上5年以下监禁或者罚金：

a）本条第1款所指的行为对他人的权利造成特别巨大损害的；

b）通过该行为为自己或者第三人获取数额特别巨大的利益的。

第182条　侵害通信秘密罪

1. 故意以下列方式侵犯通信的秘密性的，处2年以下监禁或者剥夺资格：

a）在邮政服务或者以运输工具提供运输服务过程中的密封信件或者其他文书；

b）通过电子通信网络传递并且有确定的订户或者使用人接

收的数据、文件、声音、音像信息；或者

c）在计算机系统内部或者向外不公开传递的计算机数据，包括通过计算机系统发射的传递这些计算机数据的电磁波。

2. 意图给他人造成损害或者为自己或者他人获取不正当利益实施下列行为的，处以与前款相同的刑罚：

a）将其所知悉的其并非接受人的文书、电报、电话的秘密或者通过电子通信网络传递的秘密泄露的；或者

b）使用这些秘密的。

3. 如果具有下列情形之一的，处6个月以上3年以下监禁或者剥夺资格：

a）作为有组织犯罪集团的成员实施本条第1款或者第2款所指的行为的；

b）基于卑劣的动机实施犯罪的；

c）行为造成巨大的损失的；

d）意图为自己或者第三人获取数额巨大的利益而实施本罪的。

4. 如果具有下列情形之一的，处1年以上5年以下监禁或者罚金：

a）作为公务员实施本条第1款或者第2款所指的行为的；

b）行为造成特别巨大的损失的；

c）意图为自己或者第三人获取数额特别巨大的利益而实施本罪的。

5. 邮政服务、电信服务、计算机系统服务提供商的雇员或者从事通信活动的其他任何人从事下列行为，处1年以上5年以下监禁、罚金或者剥夺资格：

a）实施本条第1款或者第2款所指的行为；

b）故意让他人实施这些行为；或者

c）变造或者扣留邮政包裹中的文书、交通工具运输中的文书或者以计算机数据、电话、电报或者其他类似方式非公开传递的信息的。

6. 如果具有下列情形之一的，处3年以上10年以下监禁：

a）本条第5款所指的行为造成特别巨大的损失的；

b）意图为自己或者第三人获取数额特别巨大的利益而实施本罪的。

第183条　侵犯属于隐私的文书罪

1. 以公开、使第三人获悉或者以其他方式，非法侵犯契据或者其他文字记录、照片、电影或者其他音像制品、计算机数据或者属于他人隐私的其他文书的秘密的，处1年以下监禁、剥夺资格或者没收财物或者其他物品。

2. 意图为自己或者第三人获取财产或者其他利益、给他人造成损失或者其他严重损害或者危害他人的社会尊重，而实施本条第1款所指的行为的，处2年以下监禁、剥夺资格或者没收财物或者其他物品。

3. 如果具有下列情形之一的，处6个月以上5年以下监禁或者罚金：

a）作为有组织犯罪集团的成员实施本条第1款所指的行为的；

b）因为他人真实或者假称的种族、族群、国籍、政治观点、宗教信仰或者因为他人真实或者假称不信仰宗教而对之实施的；

c）行为造成巨大的损失的；

d）意图为自己或者第三人获取数额巨大的利益而实施本罪的。

4. 如果具有下列情形之一的，处2年以上8年以下监禁：

a）本条第1款所指的行为造成特别巨大的损失的；

b）意图为自己或者第三人获取数额特别巨大的利益的。

第184条 诽谤罪

1. 传播可能严重破坏他人在其同伴中的评价（尤其是可能严重妨碍其工作、干扰其家庭关系或者对其造成严重损害）的虚假情况的，处1年以下监禁。

2. 如果利用报刊、电影、无线电广播、电视、公共计算机系统或者具有类似效果的其他工具实施本条第1款所指的行为的，处2年以下监禁或者剥夺资格。

第三编　侵犯人的性尊严罪

第185条　强奸罪

1．以暴力或者以使用暴力或者造成其他严重损害为内容的威胁为手段强迫他人性交，或者利用他人的无自卫能力实施该行为的，处6个月以上5年以下监禁。

2．在实施本条第1款所指行为时如果具有下列情形之一的，处2年以上10年以下监禁：

a）完成性交或者以与性交类似的方式进行的性接触的；

b）针对未成年人实施的；

c）使用武器实施的。

3．如果具有下列情形之一的，处5年以上12年以下监禁：

a）针对不满15周岁的未成年人实施本条第1款所指的行为的；①

b）针对正受到逮捕、监禁、保安治疗、保安收容、收容教育、机构教育或者处于限制人身自由的其他场所中的人实施本罪的；

c）该行为致人重伤的。

4．如果本条第1款所指的行为致人死亡的，处10年以上18年以下监禁。②

① 2009年8月7日第306/2009号法律修正。

② 2009年8月7日第306/2009号法律修正。

5．本罪的预备，亦罚之。

第186条　性强制罪

1．以暴力或者以使用暴力或者造成其他严重损害为内容的威胁为手段强迫他人手淫、猥亵露体或者实施其他类似行为，或者利用他人的无自卫能力引诱其实施上述行为的，处6个月以上4年以下监禁或者剥夺资格。①

2．利用被害人的依赖性或者行为人的职位所产生的信任或者影响力，引诱他人性交、手淫、猥亵露体或者实施其他类似行为的，处以与前款相同的刑罚。②

3．如果在实施本条第1款或者第2款所指的行为时具有下列情形之一的，处1年以上5年以下监禁：

a）针对未成年人实施的；

b）针对两人以上实施的。

4．如果具有下列情形之一的，处2年以上8年以下监禁：

a）使用武器实施本条第1款所指的行为的；

b）针对正受到逮捕、监禁、保安治疗、保安收容、收容教育、机构教育或者处于限制人身自由的其他场所中的人实施本罪的；

c）作为有组织犯罪集团的成员实施该行为的。

5．如果具有下列情形之一的，处5年以上12年以下监禁：

a）针对不满15周岁的未成年人实施本条第1款所指的行为的；③

b）该行为致人重伤的。

---

① 2009年8月7日第306/2009号法律修正。

② 2009年8月7日第306/2009号法律修正。

③ 2009年8月7日第306/2009号法律修正。

6．如果本条第 1 款或者第 2 款所指的行为致人死亡的，处 10 年以上 16 年以下监禁。①

7．本罪的未遂，亦罚之。

第 187 条　性侵害罪

1．与不满 15 周岁的未成年人性交或者对之实施其他性侵害的，处 1 年以上 8 年以下监禁。②

2．利用被害人的依赖性或者因行为人的职位所产生的信任或者影响力，针对托付给其监督的不满 15 周岁的未成年人实施本条第 1 款所指的行为的，处 2 年以上 10 年以下监禁。③

3．如果本条第 1 款所指的行为致人重伤的，处 5 年以上 12 年以下监禁。

4．如果本条第 1 款所指的行为致人死亡的，处 10 年以上 18 年以下监禁。④

5．本罪的预备，亦罚之。

第 188 条　乱伦罪

直系亲属或者兄弟姐妹之间性交的，处 3 年以下监禁。

第 189 条　淫媒罪

1．教唆、招募、运送、引诱、怂恿他人卖淫，或者从他人实施的卖淫活动中获利的，处 6 个月以上 4 年以下监禁、剥夺资格或者没收财物或者其他物品。

2．如果在实施本条第 1 款所指的行为时具有下列情形之一的，处 2 年以上 8 年以下监禁：

---

① 2009 年 8 月 7 日第 306/2009 号法律修正。

② 2009 年 8 月 7 日第 306/2009 号法律修正。

③ 2009 年 8 月 7 日第 306/2009 号法律修正。

④ 2009 年 8 月 7 日第 306/2009 号法律修正。

a）意图为自己或者第三人获取数额巨大的利益而实施犯罪的；

b）作为有组织犯罪集团的成员实施该行为的。

3. 如果本条第 1 款所指的行为致人重伤的，处 5 年以上 12 年以下监禁。

4. 如果本条第 1 款所指的行为致人死亡的，处 8 年以上 15 年以下监禁。

第 190 条　危害未成年人道德发展罪

1. 在学校、教育机构或者实际用于或者意图用于未成年人逗留或者光顾的其他类似机构或者场所附近卖淫的，处 2 年以下监禁。

2. 在学校、教育机构或者实际用于或者意图用于未成年人逗留或者光顾的其他类似机构或者场所附近以组织、保护或者其他方式确保卖淫活动进行的，处 3 年以下监禁、剥夺资格或者没收财物或者其他物品。

3. 如果实施本条第 1 款或者第 2 款所指的行为具有下列情形之一的，处 6 个月以上 5 年以下监禁或者没收财产：

a）在两个以上的此类场所实施犯罪的；

b）重复实施该行为的。

第 191 条　传播淫秽物品罪

1. 生产、进口、出口、过境、提供、公开、居间、流通、出售或者以其他方式获取无礼方式表现人类、展示暴力或者以描绘、表演或者其他方式描写与动物性交的照片、电影、计算机、电子或者其他形式的淫秽物品的，处 1 年以下监禁、剥夺资格或者没收财物或者其他物品。

2. 利用书面、照片、电影、计算机、电子或者其他形式的淫秽物品从事下列行为的，处 2 年以下监禁、剥夺资格或者没收财物或者其他物品：

a）向未成年人提供、交付或者使其可以接触的；

b）在未成年人可以进入的场所，进行展览或者以其他方式使之可以被获取的。

3．如果在实施本条第 1 款或者第 2 款所指的行为时具有下列情形之一的，处 6 个月以上 3 年以下监禁：

a）作为有组织犯罪集团的成员实施所指的行为的；

b）利用报刊、电影、无线电广播、电视、公共计算机系统或者具有类似效果的其他工具实施行为的；

c）意图为自己或者他人获取数额巨大的利益而实施犯罪的。

4．实施本条第 1 款或者第 2 款所指的行为具有下列情形之一的，处 1 年以上 5 年以下监禁：

a）由跨国有组织犯罪集团的成员实施的；

b）意图为自己或者他人获取数额特别巨大的利益而实施犯罪的。

第 192 条　制作或者以其他方式处分未成年人淫秽物品罪

1．持有以展示或者以其他方式使用未成年人的照片、电影、计算机、电子或者其他形式的淫秽物品的，处 2 年以下监禁。

2．制作、进口、出口、运输、提供、使公众可以获得、经纪、流通、出售或者以其他方式获取以展示或者以其他方式使用未成年人的照片、电影、计算机、电子或者其他形式的淫秽物品，或者接受这些淫秽物品的，处 6 个月以上 3 年以下监禁、剥夺资格或者没收财物或者其他物品。

3．如果在实施本条第 2 款所指的犯罪时具有下列情形之一的，处 2 年以上 6 年以下监禁或者没收财产：

a）作为有组织犯罪集团的成员实施所指的行为的；

b）利用报刊、电影、无线电广播、电视、公共计算机系统或者具有类似效果的其他工具实施行为的；

c）意图为自己或者第三人获取数额巨大的利益而实施犯罪的。

4. 在实施本条第 2 款所指行为时如果具有下列情形之一的，处 3 年以上 8 年以下监禁或者没收财产：

a）由跨国有组织犯罪集团的成员实施的；

b）意图为自己或者第三人获取数额特别巨大的利益而实施犯罪的。

第 193 条　利用未成年人制作淫秽物品罪

1. 怂恿、雇用、招募、引诱、诱拐、利用未成年人制作淫秽物品，或者接受此类未成年人参与其中的淫秽物品的，处 1 年以上 5 年以下监禁。

2. 在实施本条第 1 款所指行为时如果具有下列情形之一的，处 2 年以上 6 年以下监禁：

a）作为有组织犯罪集团的成员实施所指的行为的；

b）意图为自己或者第三人获取数额巨大的利益而实施犯罪的。

3. 如果在实施本条第 1 款所指的行为时具有下列情形之一的，处 3 年以上 8 年以下监禁：

a）由跨国有组织犯罪集团的成员实施的；

b）意图为自己或者第三人获取数额特别巨大的利益而实施犯罪的。

第四编　侵犯家庭和未成年人罪

第 194 条　重婚罪

1．在婚姻关系存续期间又与第三人结婚的，处 2 年以下监禁。

2．与已经结婚的人结婚的，处以与前款相同的刑罚。

第 195 条　遗弃未成年人或者被托付人罪

1．将其有义务进行照料并且无力自己获取帮助的未成年人或者其他人遗弃，使其面临生命或者伤害危险的，处 6 个月以上 3 年以下监禁。

2．在实施第 1 款所指行为时如果具有下列情形之一的，处 1 年以上 5 年以下监禁：

a）针对不满 3 周岁的未成年人实施的；

b）重复实施该行为的；

c）该行为针对两人以上实施的。

3．如果本条第 1 款所指的行为致人重伤的，处 2 年以上 8 年以下监禁。

4．如果本条第 1 款所指的行为致人死亡的，处 3 年以上 10 年以下监禁。

第 196 条　不履行法定供养义务罪

1．不履行（即使出于过失）供养义务超过 4 个月的，处 2

年以下监禁。

2. 故意逃避履行法定的供养义务超过4个月的，处6个月以上3年以下监禁。

3. 如果具有下列情形之一的，处1年以上5年以下监禁：

a）使有权利受到供养的人处于危难状态的；

b）在过去3年中曾经被判决构成本罪或者因为本罪受过刑罚的。

第197条 有效悔罪的特殊规定

如果犯罪行为未造成永久的负面结果并且行为人随后在一审法院作出判决之前履行了其义务的，不应当再追究不履行法定供养义务罪（第196条）的刑事责任。

第198条 虐待被托付人罪

1. 虐待托付其负责照料或者教育的人的，处1年以上5年以下监禁。

2. 如果具有下列情形之一的，处2年以上8年以下监禁：

a）以特别野蛮或者使人极度痛苦的方法实施本条第1款所指的行为的；

b）该行为致人重伤的；

c）由两人以上实施该行为的；

d）长期实施该行为的。

3. 如果本条第1款所指的行为造成下列后果的，处5年以上12年以下监禁：

a）致两人以上重伤的；

b）致人死亡的。

第199条 虐待共同居住人罪

1. 虐待亲属或者与其在共同住所居住的其他人的，处6个月以上4年以下监禁。

2. 如果具有下列情形之一的，处2年以上8年以下监禁：

a）以特别野蛮或者使人极度痛苦的方法实施本条第1款所指的行为的；

b）该行为致人重伤的；

c）针对两人以上实施该行为的；

d）长期实施该行为的。

3. 如果本条第1款所指的行为造成下列后果的，处5年以上12年以下监禁：

a）致两人以上重伤的；

b）致人死亡的。

第200条 诱拐未成年人或者患有精神病人罪

1. 诱拐未成年人或者精神病人脱离依据其他法律的规定或者官方决定对之负有照料义务的人看管的，处3年以下监禁或者罚金。

2. 如果具有下列情形之一的，处1年以上5年以下监禁：

a）出于为自己或者第三人获取经济利益的目的而实施行为的；

b）危及被绑架人的正常成长的。

3. 如果具有下列情形之一的，处2年以上8年以下监禁：

a）作为有组织犯罪集团的成员实施本条第1款所指的行为的；

b）本条第1款所指的行为致人重伤的；

c）通过该行为为自己或者第三人获取数额巨大的利益的。

4. 如果具有下列情形之一的，处3年以上10年以下监禁：

a）本条第1款所指的行为导致死亡后果的；

b）通过该行为为自己或者第三人获取数额特别巨大的利益的。

5. 本罪的预备，亦罚之。

第201条　危害对未成年人的教育罪

1. 以下列方式危害（即使过失也不例外）未成年人的智力发展、情感发展或者道德发展的，处2年以下监禁：

a）引诱其以懒惰或者堕落的方式生活的；

b）允许其保持懒惰或者堕落的生活方式的；

c）允许其以犯罪所得或者其他为人所不齿的方式供养自己或者第三人的；

d）严重违反照料义务或者基于父母责任的其他重要义务的。

2. 准许（即使出于过失也不例外）未成年人在装备影响游戏结果的技术装置并且能够赢取现金的博彩机上赌博的，处1年以下监禁、罚金或者剥夺资格。

3. 如果具有下列情形之一的，处6个月以上5年以下监禁：

a）基于卑劣的动机实施本条第1款或者第2款所指的行为的；

b）长期实施该行为的；

c）重复实施该行为的；

d）通过该行为为自己或者第三人获取数额巨大的利益的。

第202条　引诱性交罪

1. 为了和未成年人性交、让未成年人手淫、猥亵露体、以满足性欲为目的的其他类似行为，向未成年人或者第三人提议给予、许诺给予、实际给予报酬、好处、利益的，处2年以下监禁或者罚金。

2. 如果具有下列情形之一的，处6个月以上5年以下监禁：

a）针对不满 15 周岁的未成年人实施本条第 1 款所指的行为的；①

b）基于卑劣的动机实施犯罪的；

c）长期实施该行为的；

d）重复实施该行为的。

第 203 条 对未成年人免除刑罚

未成年人为了自己实施性交、手淫、猥亵露体、实施以满足性欲为目的的其他类似行为，要求给予或者接受给予报酬、好处、利益的，不以犯罪论处，并且不能适用教唆犯或者帮助犯的规定。

第 204 条 向未成年人提供酒精饮料罪

数量较大或者反复向未成年人出售或者提供酒精饮料的，处 1 年以下监禁。

① 2009 年 8 月 7 日第 306/2009 号法律修正。

第五编　侵犯财产罪

第 205 条　夺取罪

1. 以夺取方式占有他人的财物，并且具有下列情形之一的，处 2 年以下监禁、剥夺资格或者没收财物或者其他物品：

a）对他人财物造成数额微小的损失；

b）入室夺取；

c）在犯罪之后当场使用暴力或者即刻使用暴力的威胁手段维护所夺取的财物；

d）针对他人贴身或者随身携带的财物实施；或者

e）针对用于指挥或者实施人员疏散撤离的场所实施犯罪的。

2. 夺取他人的财物并且在过去 3 年内曾因本条第 1 款所指的行为被判决有罪或者执行刑罚的，处 6 个月以上 3 年以下监禁。

3. 如果本条第 1 款或者第 2 款所指的行为造成较大的损失的，处 1 年以上 5 年以下监禁或者罚金。

4. 如果具有下列情形之一的，处 2 年以上 8 年以下监禁：

a）作为有组织犯罪集团的成员实施本条第 1 款或者第 2 款所指的行为的；

b）在国家紧急状态、战争状态、发生自然灾害或者对人的生命、健康、公共秩序、财产构成严重威胁的其他事件时实施本罪的；

c）行为造成巨大的损失的。

5. 如果具有下列情形之一的，处 5 年以上 10 年以下监禁：

a）本条第1款或者第2款所指的行为造成特别巨大的损失的；

b）意图为叛国罪（第309条）、恐怖主义袭击罪（第311条）或者恐怖主义杀人罪（第312条）的实施创造条件或者提供便利而实施本罪的。

6. 本罪的未遂，亦罚之。

第206条 侵占罪

1. 将他人此前委托其占有的财物或者其他财产据为己有，因此对他人财产造成数额微小的损失的，处2年以下监禁、剥夺资格或者没收财物或者其他物品。

2. 如果实施本条第1款所指的行为人在过去3年内曾因本罪被判决有罪或者执行刑罚的，处6个月以上3年以下监禁。

3. 如果本条第1款所指的行为造成特别较大的损失的，处1年以上5年以下监禁或者罚金。

4. 如果具有下列情形之一的，处2年以上8年以下监禁：

a）作为有组织犯罪集团的成员实施第1款所指的行为的；

b）负有保护被害人利益之特定义务的人实施该行为的；

c）在国家紧急状态、战争状态、发生自然灾害或者对人的生命、健康、公共秩序、财产构成严重威胁的其他事件时实施本罪的；

d）行为造成巨大的损失的。

5. 如果具有下列情形之一的，处5年以上10年以下监禁：

a）本条第1款所指的行为造成特别巨大的损失的；

b）意图为叛国罪（第309条）、恐怖主义袭击罪（第311条）或者恐怖主义杀人罪（第312条）的实施创造条件或者提供便利而实施本罪的。

6．本罪的未遂，亦罚之。

第 207 条　非法使用他人财产罪

1．夺取他人数额微小的财物或者机动交通工具意图暂时使用，或者在未获许可的情况下暂时使用他人此前委托给其的财物造成损失的，处 2 年以下监禁或者剥夺资格。

2．如果具有下列情形之一的，处 6 个月以上 3 年以下监禁或者剥夺资格：

a）负有保护被害人利益之特定义务的人实施本条第 1 款所指的行为的；

b）作为有组织犯罪集团的成员实施本条第 1 款所指的行为的；

c）行为造成巨大的损失的。

3．如果具有下列情形之一的，处 1 年以上 5 年以下监禁或者罚金：

a）本条第 1 款所指的行为造成特别巨大的损失的；

b）意图为叛国罪（第 309 条）、恐怖主义袭击罪（第 311 条）或者恐怖主义杀人罪（第 312 条）的实施创造条件或者提供便利而实施本罪的。

第 208 条　非法妨碍对住宅、公寓或者非居住建筑的权利罪

1．非法占有或者使用他人的住宅、公寓或者非居住建筑的，处 2 年以下监禁或者罚金。

2．非法妨碍权利人使用住宅、公寓或者非居住建筑的，处以与前款相同的刑罚。

3．如果具有下列情形之一的，处 6 个月以上 5 年以下监禁或者罚金：

a）作为有组织犯罪集团的成员实施本条第 1 款或者第 2 款

所指的行为的；

b）行为造成特别巨大的损失的。

第209条　诈骗罪

1．出于为自己或者第三人获取利益的目的，以让他人陷入错误认识、利用他人的错误认识或者隐瞒重要事实的方法给他人财产造成损失，数额微小的，处2年以下监禁、剥夺资格或者没收财物或者其他物品。

2．如果实施本条第1款所指的行为的人在过去3年内曾因本罪被判决有罪或者执行刑罚的，处6个月以上3年以下监禁。

3．如果本条第1款所指的行为造成较大的损失的，处1年以上5年以下监禁或者罚金。

4．如果具有下列情形之一的，处2年以上8年以下监禁或者罚金：

a）作为有组织犯罪集团的成员实施本条第1款所指的行为的；

b）负有保护被害人利益之特定义务的人实施该行为的；

c）在国家紧急状态、战争状态、发生自然灾害或者对人的生命、健康、公共秩序、财产构成严重威胁的其他事件时实施本罪的；

d）行为造成巨大的损失的。

5．如果具有下列情形之一的，处5年以上10年以下监禁或者罚金：

a）本条第1款所指的行为造成特别巨大的损失的；

b）意图为叛国罪（第309条）、恐怖主义袭击罪（第311条）或者恐怖主义杀人罪（第312条）的实施创造条件或者提供便利而实施本罪的。

6. 本罪的未遂，亦罚之。

第 210 条　保险诈骗罪

1. 针对下列情形提供虚假或者严重歪曲的信息或者隐瞒重要事实的，处 2 年以下监禁、剥夺资格或者没收财物或者其他物品：

a）终止或者变更保险合同；

b）偿付保险事故；或者

c）针对保险或者其他类似交易的行使请求权时。

2. 出于为自己或者第三人获取利益的目的，导致或者伪造与保险或者其他类似交易的请求权的行使有关的事故或者维持保险事故所导致的状态，因此给他人财产造成损失，数额微小的，处以与前款相同的刑罚。

3. 如果实施本条第 1 款或者第 2 款所指行为的人在过去 3 年内曾因这些行为被判决有罪或者执行刑罚的，处 6 个月以上 3 年以下监禁。

4. 如果本条第 1 款或者第 2 款所指的行为造成较大的损失的，处 1 年以上 5 年以下监禁或者罚金。

5. 如果具有下列情形之一的，处 2 年以上 8 年以下监禁：

a）作为有组织犯罪集团的成员实施本条第 1 款或者第 2 款所指的行为的；

b）负有保护被害人利益之特定义务的人实施该行为的；

c）行为造成巨大的损失的。

6. 如果具有下列情形之一的，处 5 年以上 10 年以下监禁或者罚金：

a）本条第 1 款或者第 2 款所指的行为造成特别巨大的损失的；

b）意图为叛国罪（第309条）、恐怖主义袭击罪（第311条）或者恐怖主义杀人罪（第312条）的实施创造条件或者提供便利而实施本罪的。

7. 本罪的未遂，亦罚之。

第211条 贷款诈骗罪

1. 在协商贷款合同或者授信额度过程中，提供虚假或者严重歪曲的信息或者隐瞒重要事实的，处2年以下监禁或者剥夺资格。

2. 在未获得贷款人同意的情况下，将约定用于特定用途的贷款资金用于非规定用途，数额较大的，处以与前款相同的刑罚。

3. 如果实施本条第1款或者第2款所指行为的人在过去3年内曾因这些行为被判决有罪或者执行刑罚的，处6个月以上3年以下监禁。

4. 如果本条第1款或者第2款所指的行为造成较大的损失的，处1年以上5年以下监禁或者罚金。

5. 如果具有下列情形之一的，处2年以上8年以下监禁：

a）作为有组织犯罪集团的成员实施本条第1款或者第2款所指的行为的；

b）负有保护被害人利益之特定义务的人实施该行为的；

c）行为造成巨大的损失的。

6. 如果具有下列情形之一的，处5年以上10年以下监禁或者罚金：

a）本条第1款或者第2款所指的行为造成特别巨大的损失的；

b）意图为叛国罪（第309条）、恐怖主义袭击罪（第311

条）或者恐怖主义杀人罪（第312条）的实施创造条件或者提供便利而实施本罪的。

7. 本罪的未遂，亦罚之。

第212条　补助诈骗罪

1. 在申请补助、津贴、应偿还的财政援助或者捐赠时提供虚假或者严重歪曲的信息或者隐瞒重要事实的，处2年以下监禁或者剥夺资格。

2. 将所获取的补助、津贴、应偿还的财政援助或者捐赠用于非规定用途，数额较大的，处以与前款相同的刑罚。

3. 如果实施本条第1款或者第2款所指行为的人在过去3年内曾因这些行为被判决有罪或者执行刑罚的，处6个月以上3年以下监禁。

4. 如果本条第1款或者第2款所指的行为造成较大损失的，处1年以上5年以下监禁或者罚金。

5. 如果具有下列情形之一的，处2年以上8年以下监禁或者罚金：

a）作为有组织犯罪集团的成员实施本条第1款或者第2款所指的行为的；

b）负有保护被害人利益之特定义务的人实施该行为的；

c）行为造成巨大的损失的。

6. 如果具有下列情形之一的，处5年以上10年以下监禁或者罚金：

a）本条第1款或者第2款所指的行为造成特别巨大的损失的；

b）意图为叛国罪（第309条）、恐怖主义袭击罪（第311条）或者恐怖主义杀人罪（第312条）的实施创造条件或者提供便利而实施本罪的。

7．本罪的未遂，亦罚之。

第 213 条　经营欺诈赌博罪

1．经营不能保证给予所有参与者同等的获胜机会的现金赌博或者任何其他类似赌博的，处 2 年以下监禁或者剥夺资格。

2．如果实施本条第 1 款所指行为的人在过去 3 年内曾因本罪被判决有罪或者执行刑罚的，处 6 个月以上 3 年以下监禁。

3．如果具有下列情形之一的，处 1 年以上 5 年以下监禁或者罚金：

a）本条第 1 款所指的行为造成较大的损失的；

b）通过该行为为自己或者第三人获取数额较大的利益的。

4．如果具有下列情形之一的，处 2 年以上 8 年以下监禁：

a）作为有组织犯罪集团的成员实施第 1 款所指的行为的；

b）行为造成巨大的损失的；

c）通过该行为为自己或者第三人获取数额巨大的利益的。

5．如果具有下列情形之一的，处 5 年以上 10 年以下监禁：

a）本条第 1 款所指的行为造成特别巨大的损失的；

b）通过该行为为自己或者第三人获取数额特别巨大的利益的。

第 214 条　赃物罪

1．窝藏、转让给自己或者第三人或者使用下列财物的，处 4 年以下监禁、罚金、禁止从事特定活动或者没收财物或者其他物品；但是如果本法对赃物所源自的犯罪规定的刑罚轻于上述刑罚的，处以该较轻的刑罚：

a）他人通过在捷克共和国境内或者境外实施的犯罪所获得的财物或者其他财产或者所获得的报酬；或者

b）对a项所指的财物或者其他财产进行转换所得的财物或者其他财产的。

2. 如果具有下列情形之一的，处6个月以上5年以下监禁或者罚金：

a）针对价值数额较大的财物或者其他财产实施本条第1款所指的行为的；

b）通过该行为为自己或者第三人获取数额较大的利益的。

3. 如果具有下列情形之一的，处2年以上6年以下监禁或者没收财产：

a）作为有组织犯罪集团的成员实施本条第1款所指的行为的；

b）针对来源于特别严重的犯罪的财物或者其他财产实施该行为的；

c）针对价值数额巨大的财物或者其他财产实施该行为的；

d）通过该行为为自己或者第三人获取数额巨大的利益的。

4. 如果具有下列情形之一的，处3年以上8年以下监禁或者没收财产：

a）针对价值数额特别巨大的财物或者其他财产实施本条第1款所指的行为的；

b）通过该行为为自己或者第三人获取数额特别巨大的利益的。

第215条　过失赃物罪

1. 对他人通过在捷克共和国境内或者境外实施的犯罪所获得的财物或者其他财产或者所获得的报酬，过失予以窝藏或者转让给自己或者第三人，数额较大的，处1年以下监禁、禁止从事特定活动或者没收财物或者其他物品。

2. 如果具有下列情形之一的，处3年以下监禁：

a）因为违背基于其工作、职业、职位、职权所产生的或者法律所赋予的重要义务而实施本条第1款所指的行为的；

b）通过该行为为自己或者第三人获取数额巨大的利益的。

3. 如果具有下列情形之一的，处1年以上5年以下监禁：

a）针对来源于特别严重的犯罪的财物或者其他财产实施本条第1款所指的行为的；

b）通过该行为为自己或者第三人获取数额特别巨大的利益的。

第216条　合法化犯罪所得罪

1. 隐瞒下列对象的来源或者以其他方式试图阻止或者严重妨碍查明其来源的，或者准许他人实施下列行为的，处4年以下监禁、罚金、禁止从事特定活动或者没收财物或者其他物品；但是如果本法对赃物所源自的犯罪规定的刑罚轻于上述刑罚的，处以该较轻的刑罚：

a）他人通过在捷克共和国境内或者境外实施的犯罪所获得的财物或者其他财产或者所获得的报酬；或者

b）对a项所指的财物或者其他财产进行转换所得的财物或者其他财产。

2. 如果具有下列情形之一的，处6个月以上5年以下监禁或者罚金：

a）针对价值数额较大的财物或者其他财产实施本条第1款所指的行为的；

b）通过该行为为自己或者第三人获取数额较大的利益的。

3. 如果具有下列情形之一的，处2年以上6年以下监禁或者没收财产：

a）作为有组织犯罪集团的成员实施本条第 1 款所指的行为的；

b）针对来源于特别严重的犯罪的财物或者其他财产实施该行为的；

c）针对价值数额巨大的财物或者其他财产实施该行为的；

d）通过该行为为自己或者第三人获取数额巨大的利益的；

e）利用其工作中的身份或者职权实施该行为的。

4. 如果具有下列情形之一的，处 3 年以上 8 年以下监禁或者没收财产：

a）与跨国有组织犯罪集团协同实施本条第 1 款或者第 2 款所指的行为的；

b）针对价值数额特别巨大的财物或者其他财产实施该行为的；

c）通过该行为为自己或者第三人获取数额特别巨大的利益的。

第 217 条　过失合法化犯罪所得罪

1. 对他人通过在捷克共和国境内或者境外实施的犯罪所获得的财物或者其他财产或者所获得的报酬，过失隐瞒其来源或者妨碍查明其来源的，处 1 年以下监禁、剥夺资格或者没收财物或者其他物品。

2. 如果具有下列情形之一的，处 3 年以下监禁：

a）因为违背基于其工作、职业、职位、职权所产生的或者法律所赋予的重要义务而实施本条第 1 款所指的行为的；

b）通过该行为为自己或者第三人获取数额巨大的利益的。

3. 如果具有下列情形之一的，处 1 年以上 5 年以下监禁：

a）针对来源于特别严重的犯罪的财物或者其他财产实施本

条第 1 款所指的行为的；

b）通过该行为为自己或者第三人获取数额特别巨大的利益的。

第 218 条 暴利罪

1. 利用他人的心智耗弱、危难、缺乏经验、轻率、激情，在交易中要求对方向自己或者第三人实际提供或者许诺提供与交易价值严重不相称的对价，或者行使这种请求权或者意图行使这种请求权而受让该种权利的，处 2 年以下监禁或者剥夺资格。

2. 如果具有下列情形之一的，处 6 个月以上 5 年以下监禁或者罚金：

a）通过本条第 1 款所指的行为为自己或者第三人获取数额巨大的利益的；

b）作为有组织犯罪集团的成员实施所指的行为的；

c）导致他人陷入严重的危难状态的。

3. 如果具有下列情形之一的，处 3 年以上 8 年以下监禁或者罚金：

a）在国家紧急状态、战争状态、发生自然灾害或者对人的生命、健康、公共秩序、财产构成严重威胁的其他事件时实施本条第 1 款所指的行为的；

b）通过该行为为自己或者第三人获取数额特别巨大的利益的。

第 219 条 侵占发现物罪

1. 将在未获得权利人同意的情况下因为发现、认识错误或者以其他方式而得以占有他人财物据为己有，数额微小的，处 1 年以下监禁或者剥夺资格。

2. 如果通过本条第 1 款所指的行为为自己或者第三人获取

数额巨大的利益的，处6个月以上5年以下监禁或者罚金。

3. 如果通过本条第1款所指的行为为自己或者第三人获取数额特别巨大的利益的，处2年以上8年以下监禁。

第220条　管理他人财产背信罪

1. 违背依据法律赋予或者合同规定的照料或者管理他人财产的义务，因此给他人造成数额较大的损失的，处2年以下监禁或者剥夺资格。

2. 如果具有下列情形之一的，处6个月以上5年以下监禁或者罚金：

a）负有保护被害人利益之特定义务的人实施本条第1款所指的行为的；

b）行为造成巨大的损失的。

3. 如果本条第1款所指的行为造成特别巨大的损失的，处2年以上8年以下监禁。

第221条　管理他人财产过失背信罪

1. 出于严重过失，违背依据法律赋予或者合同规定的保管或者经营他人财产的重要义务，因此给他人造成巨大的损失的，处6个月以下监禁或者剥夺资格。

2. 如果具有下列情形之一的，处3年以下监禁：

a）负有保护被害人利益之特定义务的人实施本条第1款所指的行为的；

b）行为造成特别巨大的损失的。

第222条　损害债权人罪

1. 以下列方式妨碍对债权人的偿付（即使只是部分也不例外）的，并且导致他人数额较小的财产损失的，处2年以下监禁或者剥夺资格：

a）毁灭、破坏、藏匿、处分、使之无法使用、移除其财产（即使只是部分财产也不例外）；

b）转让其请求权或者承担他人的债务；

c）在作为债务标的的财物上设定其他债务或者予以租赁；

d）假称存在或者承认实际不存在的权利或者义务的；

e）假称存在或者承认超出实际情况的权利或者义务，超出部分数额较大的；

f）假称履行义务；或者

g）假称破产、以其他方式明显地减少其财产或者假称其灭失的。

2. 以下列方式妨碍他人对其债权人的偿付（即使只是部分也不例外）的，并且导致他人数额较小的财产损失的，处以与前款相同的刑罚：

a）毁灭、破坏、藏匿、处分、使之无法使用、移除该债务人的财产（即使只是部分财产也不例外）；或者

b）对债务人的财产行使权利或者提出请求权，而该权利或者请求权实际上并不存在或者虽然存在但超出其实际的价值或者优于实际的序位。

3. 如果具有下列情形之一的，处 6 个月以上 5 年以下监禁：

a）本条第 1 款或者第 2 款所指的行为造成巨大的损失的；

b）通过该行为为自己或者第三人获取数额巨大的利益的。

4. 如果具有下列情形之一的，处 3 年以上 8 年以下监禁：

a）本条第 1 款或者第 2 款所指的行为造成特别巨大的损失的；

b）通过该行为为自己或者第三人获取数额特别巨大的利益的；

c）该行为导致他人破产的。

第 223 条　偏袒对待债权人罪

1. 处于破产状态的债务人以对部分债权人给予偏袒对待的方法，妨碍对其他债权人的清偿（即使只是部分妨碍也不例外），因此给他人造成数额较大损失的，处 1 年以下监禁或者剥夺资格。

2. 如果本条第 1 款所指的行为造成巨大的损失的，处 6 个月以上 3 年以下监禁。

3. 如果具有下列情形之一的，处 2 年以上 8 年以下监禁或者罚金：

a）本条第 1 款所指的行为造成特别巨大的损失的；

b）该行为导致他人破产的。

第 224 条　导致破产罪

1. 以下列方法导致（即使出于过失也不例外）破产的，处 1 年以下监禁或者剥夺资格：

a）严重失实公布其财产状况；

b）以违背法律所规定或者合同所约定的义务或者严重适当的方式管理其财产；

c）以与其目的相违背或者严重不相容的方式使用所获取的贷款；

d）以与其经济状况严重不符的方式向他人出借财产或者提供贷款；或者

e）在不属于其通常商业活动或者与其财产状况严重不符的交易或者其他经营活动中进行超出正常情况的商业冒险。

2. 在明知破产的情况下（即使出于过失也不例外）承担新的债务或者设定担保，因此恶化现有债权人地位的，处以与前款相同的刑罚。

3. 如果本条第1款或者第2款所指的行为造成巨大的损失的，处3年以下监禁。

4. 如果本条第1款或者第2款所指的行为造成特别巨大的损失的，处6个月以上5年以下监禁。

第225条 违反破产程序中的义务罪

在破产程序中阻止或者严重妨碍破产管理人履行其职责，因此损害破产程序的宗旨的，处6个月以上3年以下监禁或者剥夺资格。

第226条 破产程序串通罪

1. 债权人因为在破产程序中以债权人身份投票，违背破产程序的原则和规则投票，接受他人给予的财物或者其他利益或者将来给予此类利益的许诺的，处1年以下监禁或者剥夺资格。

2. 因为破产程序中的债权人违背破产程序的原则和规则的投票，实际给予、提议给予、许诺给予该债权人以财物或者其他利益的，处以与前款相同的刑罚。

3. 破产管理人、债权人会议成员、债权人在破产程序中的代表人，为自己或者第三人接受他人给予的财物或者其他利益或者将来给予此类利益的许诺，意图损害债权人的，处2年以下监禁或者剥夺资格。

4. 如果具有下列情形之一的，处6个月以上3年以下监禁：

a）本条第1款、第2款或者第3款所指的行为造成巨大的损失的；

b）通过该行为为自己或者第三人获取数额巨大的利益的。

5. 如果具有下列情形之一的，处2年以上6年以下监禁：

a）本条第1款、第2款或者第3款所指的行为造成特别巨大的损失的；

b）通过该行为为自己或者第三人获取数额特别巨大的利益的。

第227条 违反如实申报财产义务罪

在法院或者其他公共权力机关进行的程序中，拒绝履行申报其本人的财产或者法人的财产（在其被授权申报该法人财产时）的法定义务，或者逃避履行此种义务，或者在进行申报时提供虚假或者严重失实信息的，处1年以下监禁或者剥夺资格。

第228条 损毁他人财产罪

1. 毁灭、破坏他人财产或者使之陷入无法使用状态，因此给他人财产造成数额微小的损失的，处1年以下监禁、剥夺资格或者没收财物或者其他物品。

2. 以颜料或者其他物质在他人的财物上进行喷射、涂抹、覆盖的方式损毁他人财产的，处以与前款相同的刑罚。

3. 如果具有下列情形之一的，处6个月以上3年以下监禁：

a）因为证人、鉴定人或者翻译人履行其职责而对其实施本条第1款或者第2款所指的行为的；

b）因为他人真实或者假称的种族、族群、国籍、政治观点、宗教信仰或者因为他人真实或者假称不信仰宗教而对之实施的；

c）对依据其他法律的规定对之负有保护义务的物品实施该行为的；

d）该行为导致数额巨大的损失的。

4. 如果本条第1款或者第2款所指的行为造成特别巨大的损失的，处2年以上6年以下监禁。

第229条 滥用财产罪

以毁灭、破坏、使之陷入无法使用状态、错误放置的方式，损害虽然归其所有但是具有重大的文化价值或者科学价值的物品或者依据其他法律给予保护的自然保护区、风景、环境的，处2年以下监禁、剥夺资格或者没收财物或者其他物品。

第230条　非法进入计算机系统或者数据介质罪

1. 以越过安全措施的手段非法进入计算机信息系统或者其组成部分的，处1年以下监禁、剥夺资格或者没收财物或者其他物品。

2. 进入计算机系统或者数据介质，并且实施以下行为的，处2年以下监禁、剥夺资格或者没收财物或者其他物品：

a）未经许可使用存储于计算机系统或者数据介质中的数据的；

b）未经许可对存储于计算机系统或者数据介质中的数据予以删除、以其他方式毁灭、破坏、变更、扣留、降低品质或者使之陷入无法使用状态的；

c）伪造或者变造存储于计算机系统或者数据介质中的数据意图使其被视为真实的数据或者作为真实的数据进行处分，无论这些数据能否直接被阅读和理解；或者

d）非法将数据输入计算机系统或者数据介质，或者非法针对计算机软件、硬件或者其他数据处理技术设备的。

3. 如果实施本条第1款或者第2款所指的行为时具有下列情形之一的，处6个月以上3年以下监禁、剥夺资格或者没收犯罪所得或者犯罪工具：

a）意图对他人造成损失或者其他损害或者为自己或者他人获取不正当利益；或者

b）意图不正当地限制计算机系统或者其他数据处理技术设备的功能。

4. 如果具有下列情形之一的，处1年以上5年以下监禁或者罚金：

a）作为有组织犯罪集团的成员实施本条第1款或者第2款所指的行为的；

b）该行为导致数额巨大的损失的；

c）对国家行政机关、地方政府、法院或者其他公共机关的活动造成严重干扰的；

d）通过该行为为自己或者第三人获取数额巨大的利益的；

e）对法人或者作为经营者的自然人的活动造成严重干扰的。

5. 如果具有下列情形之一的，处3年以上8年以下监禁或者罚金：

a）本条第1款或者第2款所指的行为造成特别巨大的损失的；

b）通过该行为为自己或者第三人获取数额特别巨大的利益的。

第231条　制作或者持有计算机系统和其他此类数据的进入设备和密码罪

1. 意图实施本法典第182条第1款b项、c项规定的侵害通信秘密罪或者第230条第1款和第2款规定的非法进入计算机系统或者数据介质罪，生产、流通、进口、出口、运输、提供、经纪、出售、以其他方式使他人可以获取、为自己或者他人获取或者持有下列物品的，处1年以下监禁、没收财物或者其他物品或者剥夺资格：

a）专门用于或者改造用于非法进入电子通信网络、计算机系统及其组成部分的设备及其部件、工艺、工具或者其他物品（包括计算机程序）的；或者

b）用于进入计算机系统或者其组成部分的计算机密码、访问码、数据、工序或者其他类似工具的。

2. 如果具有下列情形之一的，处3年以下监禁、剥夺资格或者没收财物或者其他物品：

a）作为有组织犯罪集团的成员实施本条第1款所指的行为的；

b）通过该行为为自己或者第三人获取数额巨大的利益的。

3. 如果通过本条第1款所指的行为为自己或者第三人获取数额特别巨大的利益的，处6个月以上5年以下监禁。

第232条 过失毁坏计算机系统和数据介质中的数据或者干扰计算机设备罪

1. 因为严重过失违背基于其工作、职业、职位、职权所产生的或者法律所赋予的或者依据合同所承担的义务，进行下列行为，并且给他人财产造成巨大的损失的，处6个月以下监禁、剥夺资格或者没收财物或者其他物品：

a）对存储于计算机系统或者数据介质中的数据予以毁灭、破坏、变更或者使之陷入无法使用状态的；或者

b）对计算机软件、硬件或者其他数据处理技术设备进行干扰。

2. 如果本条第1款所指的行为造成特别巨大的损失的，处2年以下监禁、剥夺资格或者没收财物或者其他物品。

第六编　经济犯罪

第一章　危害货币和支付手段罪

第 233 条　伪造或者变造货币罪

1. 为自己或他人获取或者持有伪造的货币、变造的货币或者用于防伪的货币要素的，处 1 年以上 5 年以下监禁。

2. 伪造或者变造货币，意图将其作为真实货币、有效货币、面额更高货币使用，或者将伪造或者变造货币作为真实货币、有效货币、面额更高货币使用的，处 3 年以上 8 年以下监禁。

3. 如果具有下列情形之一的，处 5 年以上 10 年以下监禁或者没收财产：

a）作为有组织犯罪集团的成员实施本条第 1 款或者第 2 款所指的行为的；

b）数额巨大的。

4. 如果具有下列情形之一的，处 8 年以上 12 年以下监禁或者没收财产：

a）与跨国有组织犯罪集团协同实施第 1 款或者第 2 款所指的行为的；

b）数额特别巨大的。

5. 本罪的预备，亦罚之。

第 234 条　非法制作、伪造、变造支付凭证罪

1. 在未获得合法持有人同意的情况下，为自己或者他人获取、制作、接受、持有其他支付工具（尤其是以姓名或者数字进行识别的不可转让信用卡、电子货币、结算指令、旅行支票、支票担保卡）的，处 2 年以下监禁、剥夺资格或者没收财物或者其他物品。

2. 为自己或者他人获取、制作、接受、持有伪造或者变造的支付工具的，处 1 年以上 5 年以下监禁。

3. 伪造或者变造支付工具，意图将其作为真实或者有效的支付工具使用，或者将伪造或者变造的支付工具作为真实或者有效的支付工具使用的，处 3 年以上 8 年以下监禁。

4. 如果具有下列情形之一的，处 5 年以上 10 年以下监禁或者没收财产：

a）作为有组织犯罪集团的成员实施本条第 1 款、第 2 款或者第 3 款所指的行为的；

b）数额巨大的。

5. 如果具有下列情形之一的，处 8 年以上 12 年以下监禁或者没收财产：

a）作为跨国有组织犯罪集团的成员实施第 1 款、第 2 款或者第 3 款所指的行为的；

b）数额特别巨大的。

6. 本罪的未遂，亦罚之。

第 235 条　使用伪造或者变造的货币罪

在作为真实货币而被支付伪造或者变造货币后，将其作为真实货币使用的，处2年以下监禁、剥夺资格或者没收财物或者其他物品。

第236条　制作或者持有伪造设备罪

1. 生产、提供、出售、运送、制作、为自己或者他人获取、持有专门用于或者改造用于伪造或者变造货币、支付工具的工具、设备及其部件、工艺或者其他物品（包括计算机程序）或者用于货币防伪材料的，处2年以下监禁、剥夺资格或者没收财物或者其他物品。

2. 在从事职业活动过程中实施本条第1款所指的行为的，处1年以上5年以下监禁或者罚金。

第237条　违规制造货币罪

1. 将依法许可并持有的用于制造货币的设备或者物资非法用于制造货币或者用于货币防伪的要素，或者为自己或者他人获取、流通、持有非法制造的货币或者用于货币防伪的要素的，处1年以上5年以下监禁。

2. 如果具有下列情形之一的，处3年以上8年以下监禁：

a）作为有组织犯罪集团的成员实施本条第1款所指的行为的；

b）数额巨大的。

3. 如果具有下列情形之一的，处5年以上10年以下监禁或者罚金：

a）作为跨国有组织犯罪集团的成员实施第1款所指的行为的；

b）数额特别巨大的。

4. 本罪的预备，亦罚之。

第238条　共同规定

本法典第233条至第237条规定的保护，也适用于非本国的货币或者支付工具，以及本国或者外国的证券。

第 239 条 危害本国货币流通罪

1. 非法制作或者发行代币票券，或者非法流通代币票券的，处 6 个月以下监禁、剥夺资格或者没收财物或者其他物品。

2. 如果有下列情形之一的，处以与前款相同的刑罚：

a）无正当理由不接受本国货币的；或者

b）损毁本国货币的。

第二章 税收、捐费、外汇犯罪

第 240 条 少缴纳税收、捐费和其他强制支付缴费罪

1. 少缴税款、关税、社会保险费、国家就业保险缴费、意外保险缴费、健康保险缴费、捐费或者其他类似强制支付缴费数额较大，或者欺诈获取这些强制支付缴费的优待数额较大的，处 6 个月以上 3 年以下监禁或者剥夺资格。

2. 如果具有下列情形之一的，处 2 年以上 8 年以下监禁：

a）针对两人以上实施本条第 1 款所指的行为的；

b）利用公章为行为的实施提供便利的；

c）数额巨大的。

3. 如果实施本条第 1 款所指的行为数额特别巨大的，处 5 年以上 10 年以下监禁。

第 241 条 不履行税收、社会保险费和类似强制支付义务罪

1. 雇主或者支付人不履行其为雇员或者其他人员支付税款、

社会保险费、国家就业保险缴费、健康保险缴费的法定义务，数额较大的，处3年以下监禁或者剥夺资格。

2. 雇主不履行其为雇员支付意外保险缴费的法定义务，数额较大的，处以与前款相同的刑罚。

3. 如果通过本条第1款或者第2款所指的行为为自己或者第三人获取数额巨大的利益的，处1年以上5年以下监禁或者罚金。

4. 如果通过本条第1款或者第2款所指的行为为自己或者第三人获取数额特别巨大的利益的，处2年以上8年以下监禁。

第242条　有效悔罪的特殊规定

如果行为人后来在一审法院作出判决之前履行了支付义务的，不再追究其不履行税收、社会保险费和类似强制支付义务罪（第241条）的刑事责任。

第243条　不履行税收程序中的告知义务罪

1. 不履行对税务机关的法定告知义务，因此妨害适当和及时地决定对他人征收或者追征税款，数额较大的，处2年以下监禁或者剥夺资格。

2. 针对实施第1款所指的行为数额特别巨大的，处1年以上4年以下监禁或者罚金。

第244条　违反关于标签和用以识别商品的其他标志的规定罪

1. 违反法律规定处分标签、控制磁条或者用于证明商品已经纳税的其他标志意图给他人造成损害或者为自己或者他人获取不正当利益，或者违反法律规定进口、储存、运输、流通没有贴附标签、控制磁条或者用于证明商品已经纳税的其他标志的商品的，处3年以下监禁或者剥夺资格。

2. 如果具有下列情形之一的，处1年以上5年以下监禁：

a）针对两人以上实施本条第1款所指的行为的；

b）通过该行为为自己或者第三人获取数额巨大的利益的。

3. 如果通过本条第1款所指的行为为自己或者第三人获取数额特别巨大的利益的，处2年以上8年以下监禁。

第245条　伪造或者变造用于税收目的商品识别标志或者证明缴费义务履行的标志罪

1. 伪造或者变造标签、控制磁条、用于税收目的的其他标志或者由公共权力机关或者被授权的法人发行的作为证明已经履行缴费义务的其他标志意图给他人造成损害或者为自己或者他人获取不正当利益，或者将上述对象作为真实的标签、控制磁条、标志流通或者使用的，处1年以下监禁、剥夺资格或者没收财物或者其他物品。

2. 如果具有下列情形之一的，处6个月以上5年以下监禁或者罚金：

a）实施本条第1款所指的行为数量巨大的；

b）通过该行为为自己或者第三人获取数额巨大的利益的。

3. 如果通过本条第1款所指的行为为自己或者第三人获取数额特别巨大的利益的，处2年以上8年以下监禁。

第246条　伪造、变造邮票或者印花税票罪

1. 伪造或者变造邮票或者印花税票意图给他人造成损害或者为自己或者他人获取不正当利益，或者故意将这些对象作为真实的邮票或者印花税票流通或者使用的，处1年以下监禁、剥夺资格或者没收财物或者其他物品。

2. 如果具有下列情形之一的，处6个月以上5年以下监禁或者罚金：

a）实施本条第1款所指的行为数量巨大的；

b）通过该行为为自己或者第三人获取数额巨大的利益的。

3. 如果通过本条第1款所指的行为为自己或者第三人获取数额特别巨大的利益的，处2年以上8年以下监禁。

第247条　违反外汇管理紧急状态禁令罪

在外汇管理紧急状态下，违反《外汇管理法》对外汇管理紧急状态所规定的禁令的，处1年以上6年以下监禁、罚金或者剥夺资格。

第三章　违反有关市场经济和与外国之间商品流通的法规罪

第248条　违反竞争规则罪

1. 在参与经济竞争时，以下列手段违反其他法律有关不正当竞争的规定的，并且对其他竞争者或者消费者造成数额较大的损失，或者为自己或者他人获得数额较大的不正当利益的，处3年以下监禁、剥夺资格或者没收财物或者其他物品：

a）误导性广告；

b）商品和服务商的欺骗性标签；

c）引起混淆的可能性；

d）贬低其他竞争者的公司、产品、服务的声誉；

e）贿赂；

f）诽谤；

g）货比货式广告；

h）侵犯商业秘密；或者

i）危害消费者的健康或者环境保护。

2. 违背有关保护竞争的法律规定在竞争者之间订立定价协议、市场分配协议或者其他限制竞争协议，或者违背有关公共采购的法律规定严重地违背授予作出采购决定的约束规则，或者违背有关对银行或者被授权经营金融服务活动、交易金融票据、集体投资、养老保险、保险的其他法人进行管理的法律规定，严重地违反与商业谨慎、财产管理、职业谨慎有关的约束规则或者依据法律规定或者官方决定的针对这些经营、服务或者其他活动的禁令，并且对其他竞争者、消费者、招标人、供应者造成数额较大的损失，或者为自己或者他人获得数额较大的不正当利益的，处以与前款相同的刑罚。

3. 如果具有下列情形之一的，处6个月以上5年以下监禁、罚金或者没收财物或者其他物品：

a）作为有组织犯罪集团的成员实施本条第1款或者第2款所指的行为的；

b）重复实施该行为的；

c）行为造成巨大的损失的；

d）通过该行为为自己或者第三人获取数额巨大的利益的。

4. 如果具有下列情形之一的，处2年以上8年以下监禁或者罚金：

a）本条第1款或者第2款所指的行为造成特别巨大的损失的；

b）通过该行为为自己或者第三人获取数额特别巨大的利益的；

c）该行为导致他人破产的。

第 249 条 非法发行证券罪

1. 意图为自己或者他人获得不正当利益或者给他人造成损失，将不符合法定的发行条件的有价证券投入流通的，处 2 年以下监禁或者剥夺资格。

2. 出于本条第 1 款所指的意图，对所发行的不符合法定的登记条件的记账式有价证券予以登记的，处以与前款相同的刑罚。

第 250 条 操纵投资证券价格罪

1. 意图对在受监管的市场上交易或者已经提出在受监管的市场上进行交易的申请的投资工具的价格或者汇率施加影响，实施下列行为的，处 6 个月以上 5 年以下监禁或者剥夺资格：

a）散布对上述投资工具的价格或者汇率有重大影响虚假的或者严重失实的信息；或者

b）执行可能对上述投资工具的供应、需求、价格、汇率产生假象的交易或者发出此种交易指令的。

2. 如果通过本条第 1 款所指的行为获取数额巨大的利益的，处 2 年以上 8 年以下监禁。

3. 如果通过本条第 1 款所指的行为获取数额特别巨大的利益的，处 3 年以上 10 年以下监禁。

第 251 条 非法经营罪

1. 非法提供服务或者经营制造业、商业或者其他营业活动，规模较大的，处 2 年以下监禁或者剥夺资格。

2. 如果具有下列情形之一的，处 6 个月以上 5 年以下监禁或者罚金：

a）本条第 1 款所指的行为造成巨大的损失的；

b）通过该行为为自己或者第三人获取数额巨大的利益的。

3. 如果具有下列情形之一的，处 2 年以上 8 年以下监禁：

a）本条第 1 款所指的行为造成特别巨大的损失的；

b）通过该行为为自己或者第三人获取数额特别巨大的利益的。

第 252 条　非法经营彩票或者其他类似赌博罪

1. 非法经营、组织、怂恿、经纪彩票或者类似的赌博游戏，规模较大的，处 3 年以下监禁或者剥夺资格。

2. 如果具有下列情形之一的，处 1 年以上 6 年以下监禁：

a）作为有组织犯罪集团的成员实施本条第 1 款所指的行为的；

b）通过该行为为自己或者第三人获取数额巨大的利益的。

3. 如果通过本条第 1 款所指的行为为自己或者第三人获取数额特别巨大的利益的，处 3 年以上 10 年以下监禁。

第 253 条　损害消费者罪

1. 以损害消费者（尤其是以在商品的质量、数量、重量上实施欺诈的方法）的手段造成他人数额微小的财产损失，或者在隐瞒重大瑕疵的情况下交易规模较大的商品、劳动、服务的，处 1 年以下监禁、剥夺资格或者没收财物或者其他物品。

2. 如果具有下列情形之一的，处 5 年以下监禁或者罚金：

a）作为有组织犯罪集团的成员实施本条第 1 款所指的行为的；

b）通过该行为为自己或者第三人获取数额巨大的利益的；

c）如果在实施本罪之前 5 年内曾因本罪被判处或者执行过监禁。

3. 如果通过本条第 1 款所指的行为为自己或者第三人获取数额特别巨大的利益的，处 2 年以上 8 年以下监禁。

第 254 条　虚报有关经营和财产状况的资料罪

1. 不按照法律的要求记录或者管理会计账簿、会计记录或者用以说明经济和财产状况的其他文书，或者在这些会计账簿、会计记录或者其他文书中记载虚假或者严重失实的信息，或者对这些会计账簿、会计记录或者其他文书进行变更、毁灭、破坏、使之无法使用、藏匿，并且危及他人的财产或者对税额的及时正确估定的，处 2 年以下监禁或者剥夺资格。

2. 在用于记载公司登记、土地登记、非营利社团登记、共同共有登记的文书中记载虚假或者严重失实的信息或者在该文书中隐瞒重要事实，或者在附属于公司登记、土地登记、非营利社团登记、共同共有登记申请的作为鉴定报告的文书中记载虚假或者严重失实的信息或者在该文书中隐瞒重要事实，或者以在无正当延迟理由的情况下不提交载有法定信息的公司登记、土地登记、非营利社团登记、共同共有登记申请书或者不依照法律或者合同的要求保存所接受的文书的方式危及或者限制他人权利的，处以与前款相同的刑罚。

3. 如果本条第 1 款或者第 2 款所指的行为对他人的财产造成巨大的损失的，处 1 年以上 5 年以下监禁或者罚金。

4. 如果本条第 1 款或者第 2 款所指的行为对他人的财产造成特别巨大的损失的，处 2 年以上 8 年以下监禁。

第 255 条　滥用商业信息和地位罪

1. 意图为自己或者他人获取利益或者好处，不正当使用在从事工作、职业、职位、职责过程中获得的尚未公开的并且其泄露可能会对商业交易决策产生重大影响的信息，实施或者开始实施与受监管市场的金融工具或者交易所中的商品有关的合同或者交易的，处 3 年以下监禁或者剥夺资格。

2. 出于本条第 1 款所指的意图，在从事相同或者类似业务活动的两个或者两个以上的企业中担任经营人、合伙人、企业机关成员、雇员、业务参与人，缔结或者推动缔结损害其中一个或者多个企业或者其业务的合同的，处以与前款相同的刑罚。

3. 如果通过本条第 1 款或者第 2 款所指的行为为自己或者第三人获取数额巨大的利益的，处 2 年以上 8 年以下监禁。

4. 如果通过本条第 1 款或者第 2 款所指的行为为自己或者第三人获取数额特别巨大的利益的，处 5 年以上 10 年以下监禁或者罚金。

第 256 条　在公开采购、公开投标、公开拍卖中给予有利地位罪

1. 与公开采购、公开投标、公开拍卖的授予有关的人，意图对他人造成损害或者获取利益，为部分供应商、竞争人、拍卖参加人获得优先权或者其他优待条件，损害其他供应商或者竞争人的利益的，处 6 个月以上 3 年以下监禁或者剥夺资格。

2. 如果具有下列情形之一的，处 2 年以上 8 年以下监禁或者罚金：

a）公开投标或者公开拍卖的评估委员会成员、发起人、组织人以及拍卖人或者有组织犯罪集团的成员实施本条第 1 款所指的行为的；

b）行为造成巨大的损失的；

c）通过该行为为自己或者第三人获取数额巨大的利益的。

3. 如果在本条第 1 款所指的情形下要求给予、接受给予财产或者其他利益或者给予之许诺的，处本条第 2 款所规定的刑罚。

第 257 条　操纵公开采购和公开投标罪

1. 以下列手段针对公开采购或者公开投标实施串通行为的，

处3年以下监禁或者剥夺资格：

a）以欺骗或者以实施暴力或者造成其他严重损害为内容的威胁的手段，阻止他人参加公开采购或者公开投标；

b）实际给予、提议给予、许诺给予他人以财物或者其他利益，作为不参加公开采购或者公开投标的交换；

c）要求或者接受他人给予财物或者其他利益作为不参加公开采购或者公开投标的交换；或者

d）与其他采购供应商或者投标人协商一致采取行动以便以偏高或者其他不利的价格授予公开采购或者公开投标的。

2. 如果在实施本条第1款所指的行为时具有下列情形之一的，处1年以上5年以下监禁或者罚金：

a）意图为自己或者第三人获取数额巨大的利益的；

b）公务员实施该行为的。

3. 如果在实施本条第1款所指的行为时具有下列情形之一的，处2年以上8年以下监禁：

a）意图为自己或者第三人获取数额特别巨大的利益的；

b）作为公务员意图为自己或者第三人获取数额巨大的利益的。

第258条　操纵公开拍卖罪

1. 以下列手段针对公开拍卖实施串通行为的，处3年以下监禁或者剥夺资格：

a）以欺骗或者以实施暴力或者造成其他严重损害为内容的威胁的手段，让他人不要参与提交竞拍请求；

b）实际给予、提议给予、许诺给予他人以财物或者其他利益，作为不参与提交竞拍请求的交换；或者

c）要求或者接受他人给予财物或者其他利益作为不参加公

开拍卖的交换。

2．如果在实施本条第1款所指的行为时具有下列情形之一的，处1年以上5年以下监禁或者罚金：

a）意图为自己或者第三人获取数额巨大的利益的；

b）公务员实施该行为的。

3．如果在实施本条第1款所指的行为时具有下列情形之一的，处2年以上8年以下监禁：

a）意图为自己或者第三人获取数额特别巨大的利益的；

b）作为公务员意图为自己或者第三人获取数额巨大的利益的。

第259条　签发虚假的证明文件或者报告罪

代表银行或者依据其他法律被授权经营金融活动的其他合法企业的人向他人签发关于其经济状况或者财产关系的虚假证明，或者审计员向他人签发虚假的审计报告或者关于其经济状况或者财产关系的虚假证明的，处2年以下监禁或者剥夺资格。

第260条　损害欧盟财政利益罪

1．制作、使用、提交与欧盟总预算、由欧盟亲自管理或者以欧盟名义管理的预算的收入或者开支有关的虚假的、不正确的、不完整的文书，或者在此种文书中记载虚假或者严重失实的信息，或者隐匿此种文书或者信息，并且因此让上述预算资金被滥用或者扣留或者资金来源减少的，处3年以下监禁、剥夺资格或者没收财物或者其他物品。

2．对欧盟总预算、由欧盟亲自或者以欧盟名义管理的预算的收入或者开支的资金，予以不正当使用或者减少的，处以与前款相同的刑罚。

3．如果本条第1款或者第2款所指的行为造成较大损失的，处1年以上5年以下监禁或者罚金。

4. 如果具有下列情形之一的，处2年以上8年以下监禁：

a）作为有组织犯罪集团的成员实施本条第1款或者第2款所指的行为的；

b）负有保护欧盟利益之具体义务的人实施本罪的；

c）行为造成巨大的损失的。

5. 如果本条第1款或者第2款所指的行为造成特别巨大的损失的，处5年以上10年以下监禁。

第261条　违反有关与外国之间的商品流通的法规罪

1. 以违反与商品进口、出口、过境有关的禁令、限制或者其他重要义务的方式，严重危及公共利益的，处2年以下监禁、剥夺资格或者没收财物或者其他物品。

2. 如果具有下列情形之一的，处1年以上5年以下监禁或者罚金：

a）针对两人以上实施第1款所指的行为的；

b）行为造成巨大的损失的；

c）导致或者增加宠物、牲畜、野生动物传染病或者有害植物、植物传染病的传入或者传播之危险的。

3. 如果具有下列情形之一的，处2年以上8年以下监禁：

a）本条第1款所指的行为造成特别巨大的损失的；

b）该行为导致或者增大人类传染病的传入或者传播之危险的。

第262条　违反有关军民两用的商品或者技术出口监管的法规罪

在未获得有效许可的情况下，出口军民两用的商品或者技术的，处3年以上8年以下监禁、罚金或者没收财产。

第 263 条 违反有关商品或者军民两用技术出口的义务罪

1. 违背基于其工作、职业、职位、职责所产生的重要义务，因此导致非法签发军民两用的商品或者技术出口许可或者这些商品逃避有关登记的，处 3 年以下监禁或者剥夺资格。

2. 如果具有下列情形之一的，处 6 个月以上 5 年以下监禁或者罚金：

a）本条第 1 款所指的行为导致所指的商品被出口的；

b）意图为自己或者第三人获取数额巨大的利益的；

c）行为造成巨大的损失的。

3. 如果具有下列情形之一的，处 3 年以上 8 年以下监禁或者没收财产：

a）与跨国有组织犯罪集团协同实施本条第 1 款所指的行为的；

b）意图为自己或者第三人获取数额特别巨大的利益的；

c）行为造成特别巨大的损失的。

第 264 条 歪曲关于军民两用商品或者技术出口的信息或者不保存有关文书罪

1. 基于虚假或者不完整的信息申请军民两用商品或者技术出口的，处 2 年以下监禁或者剥夺资格。

2. 对用于保存军民两用商品或者技术出口记录的文书进行毁灭、破坏、使之无法使用、隐匿，或者不予保存这些记录，或者对保存与这些商品或者技术有关的记录的计算机硬件或者软件进行干扰的，处以与前款相同的刑罚。

第 265 条 未获许可或者执照进行军事物资对外贸易罪

1. 在未获得许可或者执照的情况下，进行军事物资对外贸易的，处 1 年以上 8 年以下监禁、罚金或者剥夺资格。

2. 如果具有下列情形之一的，处 3 年以上 10 年以下监禁或者没收财产：

a）与跨国有组织犯罪集团协同实施本条第 1 款所指的行为的；

b）在国家紧急状态或者战争状态下实施本罪的；

c）重复实施该行为的；

d）通过该行为为自己或者第三人获取数额巨大的利益的；

e）行为造成特别巨大的损失的；

f）针对重要的军事物资实施该行为的；或者

g）该行为所指的军用物资被用于战争或者武装冲突或者进入存在增大的战争或者武装冲突危险的国家的。

第 266 条　违反与签发军事物资对外贸易许可或者执照有关的义务罪

1. 违背或者不履行基于其工作、职业、职位、职权所产生的重要义务，因此导致非法签发军用物资对外贸易许可或者特定军用物资经营执照，或者基于这些非法签发的许可证或者执照签发虚假或者不完整的文书的，处 6 个月以上 3 年以下监禁或者剥夺资格。

2. 如果具有下列情形之一的，处 2 年以上 5 年以下监禁或者罚金：

a）与跨国有组织犯罪集团协同实施本条第 1 款所指的行为的；

b）该行为导致所指的军事物资被出口的；

c）意图为自己或者第三人获取数额巨大的利益而实施本罪的；

d）行为造成巨大的损失的；

e）针对重要的军事物资实施该行为的。

3. 如果具有下列情形之一的，处3年以上10年以下监禁或者没收财产：

a）与跨国有组织犯罪集团协同实施本条第1款所指的行为的；

b）意图为自己或者第三人获取数额特别巨大的利益而实施本罪的；

c）行为造成特别巨大的损失的；

d）该行为所指的军事物资被用于战争或者武装冲突或者进入存在增大的战争或者武装冲突危险的国家的。

第267条 歪曲关于军事物资对外贸易的信息或者不保存有关文书罪

1. 申请军事物资对外贸易许可证或者执照的人，提供虚假或者不完整的文书或者隐瞒对许可证或者执照的签发非常重要的事实的，处3年以下监禁或者剥夺资格。

2. 对必须保存的军事物资对外贸易文书进行毁灭、破坏、使之无法使用、隐匿，或者不保存这些文书，或者对保存军事物资对外贸易文书的计算机硬件或者软件进行干扰的，处以与本条第1款相同的刑罚。

第四章 侵犯工业产权和著作权罪

第268条 侵犯有关商标和其他识别标志的权利罪

1. 流通非法使用他人享有排他权利商标或者容易与之混淆

的标志的商品或者服务，或者为此目的亲自或者通过他人提供、经纪、生产、进口、出口、以其他方式获取、持有这种商品或者提供、经纪这种服务的，处2年以下监禁、剥夺资格或者没收财物或者其他物品。

2. 以获取经济利益为目的，非法使用他人商号名称或者容易与之混淆的标志，或者流通非法使用原产地标志、地理标志或者容易与之混淆的标志的商品或者服务，或者为此目的亲自或者通过他人提供、经纪、生产、进口、出口、以其他方式获取、持有这种商品或者提供、经纪这种服务的，处以与前款相同的刑罚。

3. 如果具有下列情形之一的，处6个月以上5年以下监禁、罚金或者没收财物或者其他物品：

a）通过本条第1款或者第2款所指的行为为自己或者第三人获取数额巨大的利益的；

b）数量巨大的。

4. 如果具有下列情形之一的，处3年以上8年以下监禁或者罚金：

a）通过本条第1款或者第2款所指的行为为自己或者第三人获取数额特别巨大的利益的；

b）数量特别巨大的。

第269条　侵犯受保护的工业产权罪

1. 非法侵犯发明、工业设计、实用新型、半导体产品的拓扑图之受保护权利，数额微小的，处2年以下监禁、剥夺资格或者没收财物或者其他物品。

2. 如果具有下列情形之一的，处6个月以上5年以下监禁、罚金或者没收财物或者其他物品：

a）本条第1款所指的犯罪表现出商业活动或者其他经济活动之特征的；

b）通过该行为为自己或者第三人获取数额巨大的利益的；

c）数量巨大的。

3. 如果具有下列情形之一的，处3年以上8年以下监禁或者罚金：

a）通过该行为为自己或者第三人获取数额特别巨大的利益的；

b）数量特别巨大的。

第270条　侵犯著作权、邻接权或者数据库相关权利罪

1. 非法侵犯作者的作品、艺术表演、录音制品、音像制品、无线电广播、电视广播、数据库之受保护权利，数额微小的，处2年以下监禁、剥夺资格或者没收财物或者其他物品。

2. 如果具有下列情形之一的，处6个月以上5年以下监禁、罚金或者没收财物或者其他物品：

a）本条第1款所指的犯罪表现出商业活动或者其他经济活动之特征的；

b）通过该行为为自己或者第三人获取数额巨大的利益的，或者给他人造成巨大的损失的；

c）数量巨大的。

3. 如果具有下列情形之一的，处3年以上8年以下监禁：

a）通过本条第1款所指的行为为自己或者第三人获取数额特别巨大的利益的，或者给他人造成特别巨大的损失的；

b）数量特别巨大的。

第271条　伪造或者仿造艺术作品罪

1. 伪造作者的艺术作品或者仿造署名为其他作者的艺术作

品，意图使该新的作品被视为该作者的原作的，处 3 年以下监禁、剥夺资格或者没收财物或者其他物品。

2．如果具有下列情形之一的，处 1 年以上 6 年以下监禁：

a）作为有组织犯罪集团的成员实施本条第 1 款所指的行为的；

b）通过该行为为自己或者第三人获取数额巨大的利益的；

c）数量巨大的。

3．如果具有下列情形之一的，处 3 年以上 10 年以下监禁：

a）通过本条第 1 款所指的行为为自己或者第三人获取数额特别巨大的利益的；

b）数量特别巨大的。

第七编 危害公共安全罪

第一章 公共危险罪

第272条 导致公共危险罪

1. 以导致火灾、水灾、爆炸物、天然气、电力或者类似的其他危险物质或者力量的危害结果的方式，故意使人们面临死亡、重伤危险或者使他人财产面临遭受数额特别巨大的损失之危险，或者实施任何其他类似的公共危险行为，或者增大公共危险，或者妨碍对公共危险进行预防或者减轻的努力的，处3年以上8年以下监禁。

2. 如果具有下列情形之一的，处8年以上15年以下监禁：

a）作为有组织犯罪集团的成员实施本条第1款所指的行为的；

b）在短期内重复实施该行为的；

c）行为造成特别巨大的损失的；

d）该行为导致两人以上重伤或者一人以上死亡的。

3. 如果具有下列情形之一的，处12年以上20年以下监禁或者例外刑：

a）实施本条第1款所指的行为故意致人死亡的；

b）在国家紧急状态或者战争状态下实施本罪的。

4. 本罪的预备，亦罚之。

第 273 条　过失导致公共危险罪

1. 过失导致火灾、水灾、爆炸物、天然气、电力或者类似的其他危险物质或者力量的危害结果的方式故意使人们面临死亡、重伤危险或者使他人财产面临遭受数额特别巨大的损失之危险中，或者过失实施任何其他类似的公共危险行为，或者过失增大公共危险，或者过失妨碍对公共危险进行预防或者减轻的努力的，处 2 年以下监禁或者剥夺资格。

2. 如果具有下列情形之一的，处 6 个月以上 5 年以下监禁或者剥夺资格：

a）本条第 1 款所指的行为致人重伤的；

b）因为违背基于其工作、职业、职位、职权所产生的或者法律所赋予的重要义务而实施行为的；

c）行为造成巨大的损失的。

3. 如果具有下列情形之一的，处 2 年以上 8 年以下监禁或者罚金：

a）本条第 1 款所指的行为导致死亡后果的；

b）本条第 2 款 b 项所指的行为造成特别巨大的损失或者致人重伤的。

4. 如果本条第 2 款 b 项所指的行为致人死亡的，处 3 年以上 10 年以下监禁。

第 274 条　在致瘾物质的影响下制造危险罪

1. 以致瘾物质导致其陷入不能履行工作或者其他活动的状态，因此可能危及人的生命、健康或者造成巨大的财产损失的，处 1 年以下监禁、罚金或者剥夺资格。

2. 如果具有下列情形之一的，处6个月以上3年以下监禁、罚金或者剥夺资格：

a）本条第1款所指的行为导致碰撞、交通事故、其他事故、健康损害、他人数额较大的财产损失或者其他严重后果的；

b）在致瘾物质的影响下实施特别危险的工作或者其他活动，尤其是驾驶公共交通工具；或者

c）在过去两年内曾因本罪被判决有罪或者被执行过剥夺自由的刑罚。

第275条 违反紧急避险义务罪

无正当理由以下列方式阻止或者妨碍对危及较大范围的人群构成直接威胁的危险紧急情况的预防或者减轻的，处3年以下监禁或者剥夺资格：

a）拒绝提供法律规定的或者先行行为所要求的帮助的；或者

b）阻止他人提供此种帮助的，

第276条 破坏或者危害公用设施的运行罪

1. 故意破坏公用设施或者危害其运行或者使用的，处3年以下监禁或者剥夺资格。

2. 如果具有下列情形之一的，处1年以上6年以下监禁或者罚金：

a）对公用设施予以毁灭、拿走或者使之无法使用的；

b）本条第1款所指的犯罪导致公用设施不能运作的；或者

c）行为造成巨大的损失的。

3. 如果具有下列情形之一的，处2年以上8年以下监禁：

a）本条第1款或者第2款a项所指的行为造成特别巨大的损失的；

b）在国家紧急状态或者战争状态下实施本罪的。

第 277 条　过失毁坏或者危及公用设施的运行罪

1. 严重过失毁灭、破坏、拿走公用设施或者使之无法使用，或者危害公用设施的运行的，处 1 年以下监禁或者剥夺资格：

2. 如果具有下列情形之一的，处 3 年以下监禁：

a）本条第 1 款所指的行为造成特别巨大的损失的；

b）在国家紧急状态或者战争状态下实施本罪的。

第 278 条　破坏地理测量地点罪

1. 故意毁灭、破坏下列标志或者使之无法使用的，处 2 年以下监禁或者罚金：

a）基本地球动力网络的大地测量点；

b）零级参照网络的大地测量点；

c）零级补充参照网络的大地测量点；

d）基本水平大地测量点；或者

e）绝对动力大地测量点。

2. 故意毁灭、破坏用于接收全球导航系统信号的永久基站或者捷克共和国用于定位的永久基站，或者使之无法使用的，处以与前款相同的刑罚。

第 279 条　非法持有武器罪

1. 在未获许可的情况下，制作、为自己或者他人获取、持有武器及其主要部件、配件、数量较大的弹药或者武器的违禁附属物的，处 2 年以下监禁、剥夺资格或者没收财物或者其他物品。

2. 使报废的武器能够发射、对之进行结构改变意图使其能够发射或者对武器进行结构改变以增强其效力，或者伪造、修改、毁灭、移除武器上用于识别其同一性的唯一标志的，处以与前款相同的刑罚。

3．在未获许可的情况下实施下列行为的，处6个月以上5年以下监禁：

a）制造、为自己或者他人获取、持有较小数量的大规模杀伤性武器以及对此种武器的使用而言所必需的部件；或者

b）储存、制作、为自己或者他人获取其他武器或者数量巨大的弹药的。

4．如果具有下列情形之一的，处2年以上8年以下监禁：

a）作为有组织犯罪集团的成员实施本条第3款所指的行为的；

b）规模较大的；

c）在国家紧急状态或者战争状态下实施本罪的。

第280条 发展、制作、持有禁用武器罪

1．制作、进口、出口、运输、研制、持有、储存或者以别的方式处分被法律或者国际条约所禁止的武器、作战手段或者爆炸物的，处2年以上8年以下监禁或者没收财产。

2．设计、制造或者使用用于研制、制作、储存本条第1款所指的武器、作战手段或者爆炸物的设备的，处以与前款相同的刑罚。

3．如果具有下列情形之一的，处5年以上12年以下监禁或者没收财产：

a）作为有组织犯罪集团的成员实施本条第1款或者第2款所指的行为的；

b）数量较大的；

c）在国家紧急状态或者战争状态下实施本罪的。

4．本罪的预备，亦罚之。

第281条　非法制造或者持有放射性物质或者高度危险物质罪

1．在未获许可的情况下，制作、进口、出口、运输、持有、为他人获取放射性物质、高度危险物质或者用于制作这些物质的物品的，处1年以上5年以下监禁、罚金或者剥夺资格。

2．如果具有下列情形之一的，处2年以上10年以下监禁或者没收财产：

a）本条第1款所指的行为致人重伤的；

b）数量较大的；

c）通过该行为为自己或者第三人获取数额巨大的利益的。

3．如果具有下列情形之一的，处8年以上16年以下监禁或者没收财产：①

a）本条第1款所指的行为导致两人以上重伤或者一人以上死亡的；

b）通过该行为为自己或者第三人获取数额特别巨大的利益的；

c）作为有组织犯罪集团的成员实施所指的行为的；

d）在国家紧急状态或者战争状态下实施本罪的。

4．本罪的预备，亦罚之。

第282条　非法制造或者持有核物质或者特种可裂变物质罪

1．在未获许可的情况下，制作、进口、出口、运输、持有、为他人获取核材料或者用于制作核材料的物品的，处2年以上10年以下监禁。

2．在未获许可的情况下，制作、进口、出口、运输、持有、

① 2009年8月7日第306/2009号法律修正。

为他人获取特种可裂变物质或者用于制作该物质的物品的，处8年以上15年以下监禁。

3. 本罪的预备，亦罚之。

第283条 非法制造或者处分麻醉药品、精神药品或者毒品罪

1. 非法生产、进口、出口、运输、提供、交付、出售、以其他方式获取、为他人窝藏麻醉药品、精神药品、含有麻醉药品或者精神药品的物品、前体物质或者毒品的，处1年以上5年以下监禁或者罚金。

2. 如果在实施本条第1款所指的行为时具有下列情形之一的，处2年以上10年以下监禁或者没收财产：

a）作为有组织犯罪集团的成员实施所指的行为的；

b）在实施行为之前3年内曾因本罪被判决有罪或者执行刑罚的；

c）数量巨大的；

d）针对未成年人实施本罪且数量较大的，或者针对不满15周岁的未成年人实施本罪且数量较小的。[①]

3. 如果具有下列情形之一的，处8年以上12年以下监禁或者没收财产：

a）本条第1款所指的行为致人重伤的；

b）意图为自己或者第三人获取数额巨大的利益而实施本罪的；

c）数量特别巨大的；

d）针对不满15周岁的未成年人实施本罪且数量较大的。

---

① 2009年8月7日第306/2009号法律修正。

4. 如果具有下列情形之一的，处10年以上18年以下监禁或者没收财产：①

a）本条第1款所指的行为导致两人以上重伤或者一人以上死亡的；

b）意图为自己或者第三人获取数额特别巨大的利益而实施本罪的；

c）与跨国有组织犯罪集团协同实施犯罪的。

5. 本罪的预备，亦罚之。

第284条　非法持有麻醉药品、精神药品或者毒品罪

1. 意图供自己使用而非法持有数量较小的麻醉药品、大麻、大麻树脂、含有四氢大麻酚或者其同分异构体或者立体化学变体的麻醉药品的，处1年以下监禁、剥夺资格或者没收财物或者其他物品。

2. 意图供自己使用而非法持有数量较小的本条第1款所指以外的其他麻醉药品、精神药品或者毒品的，处2年以下监禁、剥夺资格或者没收财物或者其他物品。

3. 如果针对数量较大的毒品实施本条第1款或者第2款所指的犯罪的，处6个月以上5年以下监禁或者罚金。

4. 如果针对数量巨大的毒品实施本条第1款或者第2款所指的犯罪的，处2年以上8年以下监禁。

第285条　非法种植含有麻醉物质或者精神物质的植物罪

1. 意图供自己使用而非法种植数量较小的大麻植物的，处6个月以下监禁、罚金或者没收财物或者其他物品。

2. 意图供自己使用而非法种植本条第1款所指以外的含有

① 2009年8月7日第306/2009号法律修正。

麻醉物质或者精神物质的蘑菇或者其他植物的，处 1 年以下监禁、罚金或者没收财物或者其他物品。

3．如果实施本条第 1 款或者第 2 款所指的犯罪且数量较大的，处 3 年以下监禁或者罚金。

4．如果实施本条第 1 款或者第 2 款所指的犯罪且数量巨大的，处 6 个月以上 5 年以下监禁。

第 286 条 制作、持有用于制造麻醉药品、精神药品或者毒品的物品罪

1．制作、为自己或者他人获取、持有用于非法制作麻醉药品、精神药品或者含有麻醉物质或者精神物质的制品或者毒品的前体物质或者其他物品的，处 5 年以下监禁、罚金、剥夺资格或者没收财物或者其他物品。

2．如果具有下列情形之一的，处 2 年以上 10 年以下监禁：

a）作为有组织犯罪集团的成员实施本条第 1 款所指的行为的；

b）数量巨大的；

c）针对未成年人实施该行为且数量较大的；

d）通过该行为为自己或者第三人获取数额巨大的利益的。

第 287 条 宣传致瘾罪

1．引诱他人滥用除酒精以外的致瘾物质，或者支持他人进行滥用，或者以其他方式教唆或者怂恿滥用致瘾物质的，处 3 年以下监禁或者剥夺资格。

2．如果在实施本条第 1 款所指的行为时具有下列情形之一的，处 1 年以上 5 年以下监禁或者罚金：

a）作为有组织犯罪集团的成员实施所指的行为的；

b）针对未成年人实施的；

c）利用报刊、电影、无线电广播、电视、公共计算机系统或者具有类似效果的其他工具实施行为的。

3. 如果针对不满15周岁的未成年人实施本条第1款所指的犯罪的，处2年以上8年以下监禁。

第288条　非法生产或者处分具有激素作用的物质罪

1. 非法生产、持有、进口、出口、运输、待售、出售、提供或者以其他方式交付非出于治疗目的合成代谢物质或者具有激素效力的其他物质，或者对他人施用非出于治疗目的改善人体组织氧气输送或者具有兴奋剂效力的方法的，处1年以下监禁。

2. 如果具有下列情形之一的，处1年以上3年以下监禁：

a）作为有组织犯罪集团的成员实施本条第1款所指的行为的；

b）针对未成年人实施该行为且数量较大或者针对不满15周岁的未成年人数量较小实施行为的。[①]

3. 如果具有下列情形之一的，处2年以上8年以下监禁：

a）本条第1款所指的行为致人重伤的；

b）意图为自己或者第三人获取数额巨大的利益而实施本罪的；

c）针对不满15周岁的未成年人实施行为且数量较大的；[②]

d）医生或者其他医务人员实施该行为的。

4. 如果具有下列情形之一的，处5年以上12年以下监禁：

a）本条第1款所指的行为导致两人以上重伤或者一人以上死亡的；

b）意图为自己或者第三人获取数额特别巨大的利益的；

---

① 2009年8月7日第306/2009号法律修正。

② 2009年8月7日第306/2009号法律修正。

c）与跨国有组织犯罪集团协同实施犯罪的。

第 289 条 共同规定

1. 由法律对麻醉药品、精神药品、含有麻醉物质或者精神物质的物品、用于非法制造麻醉物质或者精神物质的前体物质的含义作出规定。

2. 由政府条例对本法典第 283 条、第 284 条、第 286 条所规定的毒品的含义以及麻醉药品、精神药品、含有麻醉物质或者精神物质的物品之数量较小的含义作出规定。

3. 由政府条例对本法典第 285 条所规定的含有麻醉物质或者精神物质的植物和蘑菇的含义以及第 285 条所指的数量较小的含义作出规定。

4. 由政府条例对本法典第 288 条所规定的合成代谢物质或者具有激素效力的其他物质和数量较大的含义，以及第 288 条所规定的改善人体组织氧气输送或者具有兴奋剂效力的方法的含义作出规定。

第二章 威胁航空器、民用船舶和固定平台罪

第 290 条 劫持航空器、民用船舶或者固定平台罪

1. 在航空器、民用船舶或者大陆架固定平台上的人，以下列手段意图获得或者行使对该航空器、民用船舶或者固定平台的控制的，处 8 年以上 15 年以下监禁，并处没收财产：

a）针对他人实施暴力或者即刻实施暴力的威胁；

b）针对他人实施以造成死亡、身体伤害或者造成数额特别巨大的损失为内容的威胁；

c）利用他人无自卫能力。

2. 如果具有下列情形之一的，处 12 年以上 20 年以下监禁，可以并处没收财产或者处以例外刑：

a）本条第 1 款所指的行为导致两人以上重伤或者一人以上死亡的；

b）在国家紧急状态或者战争状态下实施本罪的。

3. 本罪的预备，亦罚之。

第 291 条　危及航空器或者民用船舶安全罪

提供可能危及飞行中的航空器或者航行中的民用船舶的安全或者运行的虚假信息的，处 3 年以下监禁或者剥夺资格。

第 292 条　使航空器非法出境罪

1. 在未获合法授权的情况下控制或者使用所被托付航空器，意图使该航空器非法出境的，处 3 年以上 10 年以下监禁或者没收财产。

2. 如果本条第 1 款所指的行为致人重伤的，处 8 年以上 15 年以下监禁，还可以并处没收财产或者例外刑。

3. 如果具有下列情形之一的，处 12 年以上 20 年以下监禁，可以并处没收财产或者处以例外刑：

a）本条第 1 款所指的行为导致两人以上重伤或者一人以上死亡的；

b）在国家紧急状态或者战争状态下实施本罪的。

4. 本罪的预备，亦罚之。

第八编 危害环境罪

第293条 破坏或者危及环境罪

1. 故意以违反环境及环境要素保护法、自然资源保护和开发法、化学药品和化学制品法的方式，污染或者以其他方式破坏特别保护保护区、欧盟重要地点、被确定为保护区的鸟类活动区域或者水源地或者上述地点以外的面积较大区域的土壤、水体、空气、森林或者其他环境要素，因此危害野生动植物的群落或者种群，或者故意加大环境损害或者妨碍预防或者减轻环境损害的，处3年以下监禁或者剥夺资格。

2. 如果具有下列情形之一的，处1年以上5年以下监禁或者罚金：

a）重复实施本条第1款所指的行为的；

b）负有保护环境之具体义务的人实施该行为的；

c）对环境造成永久或者长期的破坏的；

d）造成需要数额巨大的费用才能恢复的环境破坏的。

3. 如果本条第1款所指的行为造成下列后果的，处2年以上8年以下监禁：

a）破坏保护区、欧盟重要地点、被确定为保护区的鸟类活动区域或者水源地，以致对这些区域进行特别保护的必要性丧失或者严重减弱；或者

b）造成需要数额特别巨大的费用才能恢复的环境破坏的。

第 294 条　过失毁坏或者危及环境罪

1. 过失以违反环境及环境要素保护法、自然资源保护和开发法、化学药品和化学制品法的方式，污染或者以其他方式破坏特别保护保护区、欧盟重要地点、被确定为保护区的鸟类活动区域或者水源地或者上述地点以外的面积较大区域的土壤、水体、空气、森林或者其他环境要素，因此危害野生动植物的群落或者种群，或者过失加大环境损害或者妨碍预防或者减轻环境损害的，处 6 个月以下监禁或者剥夺资格。

2. 如果具有下列情形之一的，处 2 年以下监禁或者剥夺资格：

a）因为违背基于其工作、职业、职位、职权所产生的或者法律所赋予的重要义务而实施本条第 1 款所指的行为的；

b）对环境造成永久或者长期的破坏的；

c）造成需要数额巨大的费用才能恢复的环境破坏的。

3. 如果本条第 1 款所指的行为造成下列后果的，处 6 个月以上 5 年以下监禁或者罚金：

a）破坏保护区、欧盟重要地点、被确定为保护区的鸟类活动区域或者水源地，以致对这些区域进行特别保护的必要性丧失或者严重减弱；或者

b）造成需要数额特别巨大的费用才能恢复的环境破坏的。

第 295 条　破坏森林罪

1. 违反其他法律的规定在森林生长地（包括相邻的空旷地）进行采矿或者其他活动，造成（即使出于过失也不例外）森林被全部砍光、对面积较大的森林造成严重的破坏或者导致面积较大的森林的植被覆盖率低于其他法律所规定的下限的，处 2 年以下监禁或者剥夺资格。

2．如果具有下列情形之一的，处6个月以上4年以下监禁或者剥夺资格：

a）重复实施本条第1款所指的行为的；

b）本条第1款所指的采矿或者其他活动导致面积巨大的森林被砍光或者植被覆盖率降低的。

第296条　共同规定

1．本法典第293条和第294条所指的“面积较大”是指：对水体而言，水表面积不少于3公顷；对水道而言，水表面积不小于1公顷并且长度不少于2000米；多个受损害水体面积和水道长度应当累加。

2．本法典第295条所指的“森林面积较大”是指面积超过1.5公顷，“森林面积巨大”是指面积超过3公顷。

第297条　非法排放污染物质罪

1．违反国际条约的规定（即使出于过失也不例外），从船舶或者其他海运船只上往外排放石油、有害液体或者其他类似污染物质，或者虽然有义务阻止其释放却不阻止的，处6个月以上3年以下监禁、剥夺资格或者没收财物或者其他物品。

2．在实施本条第1款所指行为时如果具有下列情形之一的，处1年以上5年以下监禁：

a）作为有组织犯罪集团的成员实施所指的行为的；

b）重复实施该行为的。

3．如果本条第1款所指的行为造成下列后果的，处2年以上8年以下监禁：

a）致人重伤的；

b）对水质、动植物物种及其组成部分造成大范围的严重破坏的；

c）造成需要数额巨大的费用才能恢复的环境破坏的。

4. 如果本条第1款所指的行为致人死亡的，处3年以上10年以下监禁。

第298条　非法处分废物罪

1. 违反管理废物处理的其他法律的规定（即使出于过失也不例外），在未提前报告主管公共权力机关或者获得其许可的情况下运送废物进出国境，或者在此类报告、许可申请或者附属的文书中提供虚假或者严重歪曲的情况或者隐瞒重要情况的，处1年以上5年以下监禁或者剥夺资格。

2. 违反法律规定（即使出于过失也不例外），存放、延迟运输或者进行其他处理，因此对环境造成需要数额巨大的费用才能恢复的破坏或者危险的，处2年以下监禁或者剥夺资格。

3. 如果具有下列情形之一的，处6个月以上3年以下监禁或者剥夺资格：

a）作为有组织犯罪集团的成员实施本条第1款或者第2款所指的行为的；

b）通过该行为为自己或者第三人获取数额巨大的利益的；

c）重复实施该行为的。

4. 如果具有下列情形之一的，处1年以上5年以下监禁或者罚金：

a）通过本条第1款或者第2款所指的行为为自己或者第三人获取数额巨大的利益的；

b）行为针对危险废物实施的。

第299条　非法处分受保护的野生动植物罪

1. 违反法律规定，杀害、毁灭、加工、进口、出口、运输、持有、提供、经纪、为自己或者他人获取受特别保护动植物物种的活体或者标本，并且动植物物种的活体或者标本的数量超过25件的，处3年以下监禁、剥夺资格或者没收财物或者其他物品。

2. 违反法律规定，杀害、毁灭、加工、进口、出口、运输、持有、提供、经纪、为自己或者他人获取濒危动植物物种的活体或者濒临灭绝或者已经灭绝的物种的标本的，处以与前款相同的刑罚。

3. 如果实施本条第1款或者第2款所指的犯罪时具有下列情形之一的，处6个月以上5年以下监禁或者罚金：

a）作为有组织犯罪集团的成员实施所指的行为的；

b）意图为自己或者第三人获取数额巨大的利益的。

4. 如果实施本条第1款或者第2款所指的犯罪时具有下列情形之一的，处2年以上8年以下监禁：

a）与跨国有组织犯罪集团协同实施犯罪的；

b）意图为自己或者第三人获取数额特别巨大的利益的。

第300条 过失非法处分受保护的野生动植物罪

过失违反法律规定，杀害、毁灭、进口、出口、运输、持有、为自己或者他人获取数量受特别保护动植物物种的活体或者标本超过25件的，或者濒危动植物物种的活体或者濒临灭绝或者已经灭绝的物种的标本的，处1年以下监禁、剥夺资格或者没收财物或者其他物品。

第301条 非法迁移或者毁灭动植物罪

违反法律规定（即使出于过失也不例外），以危及该种动植物当地种群之数量将野生动植物从自然界迁移或者毁灭的，处2年以下监禁、剥夺资格或者没收财物或者其他物品。

第302条 虐待动物罪

1. 以下列方式虐待动物的，处2年以下监禁、剥夺资格或者没收财产或者其他物品：

a）以特别残忍或者极度痛苦的方式实施的；

b）公开或者在公众可以进入的场所以残忍或者痛苦的方式实施的。

2. 如果具有下列情形之一的，处6个月以上3年以下监禁或者剥夺资格：

a）曾因本罪被判决有罪或者服刑在3年内又实施本条第1款所指的犯罪的；

b）导致动物死亡或者遭受永久的健康损害的。

3. 针对数量较大的动物实施本条第1款所指的行为的，处1年以上5年以下监禁。

第303条　过失疏于照看动物罪

1. 严重过失疏于对其本人的动物或者有责任照看的他人的动物进行必要照看，因此造成该动物健康永久受损或者死亡的，处6个月以下监禁、剥夺资格或者没收财物或者其他物品。

2. 如果本条第1款所指的行为造成大量动物死亡或者永久健康受损之后果的，处2年以下监禁。

第304条　偷猎罪

1. 非法猎取或者捕捉价值微小的野味或者鱼类，或者为自己或者他人藏匿、运输、持有价值微小的非法猎取或者捕捉的野味或者鱼类的，处2年以下监禁、剥夺资格或者没收财物或者其他物品。

2. 如果具有下列情形之一的，处6个月以上5年以下监禁、罚金或者没收财物或者其他物品：

a）作为有组织犯罪集团的成员实施本条第1款所指的行为的；

b）为自己或者第三人获取数额较大的利益的；

c）负有保护环境之具体义务的人实施该行为的；

d）以特别残忍的方式、大规模实施的手段或者在保护期内实施行为的；

e）在过去3年内曾因本罪被判决有罪或者执行刑罚的。

第305条　非法制作、持有、处分刺激商用动物生长的药品或者其他物质罪

1. 非法生产、进口、出口、运输、提供、经纪、出售、以其他方式获取、持有抗甲状腺物质、孕酮物质、雄性激素物质、雌性激素物质、其他激素类物质、β－兴奋剂或者用于刺激商用动物生长的其他物质或者含有这些物质的制品的，处1年以下监禁、剥夺资格或者没收财物或者其他物品。

2. 违反其他法律的规定使用促进商用动物生长的药品，或者依此目的而生产、进口、出口、运输、提供、经纪、出售、以其他方式获取、持有这种药品的，处以与前款相同的刑罚。

3. 如果在实施本条第1款或者第2款所指的行为时具有下列情形之一的，处6个月以上3年以下监禁：

a）作为有组织犯罪集团的成员实施所指的行为的；

b）重复实施该行为的；

c）意图为自己或者第三人获取数额巨大的利益的；

d）数量巨大的。

4. 如果在实施本条第1款或者第2款所指的行为时具有下列情形之一的，处1年以上5年以下监禁：

a）作为跨国有组织犯罪集团的成员实施犯罪的；

b）意图为自己或者第三人获取数额特别巨大的利益的；

c）数量特别巨大的。

第 306 条　传播动物传染病罪

1. 导致或者增大（即使出于过失也不例外）宠物动物、家畜、野生动物传染病的传入或扩散危险的，处 1 年以下监禁、剥夺资格或者没收财物或者其他物品。

2. 如果本条第 1 款所指的行为造成疾病传播的，处 6 个月以上 3 年以下监禁。

第 307 条　传播经济作物传染病或者害虫罪

1. 导致或者增大（即使出于过失也不例外）经济作物的传染病或者害虫的传入或扩散危险的，处 1 年以下监禁、剥夺资格或者没收财物或者其他物品。

2. 如果本条第 1 款所指的行为造成疾病传播的，处 6 个月以上 3 年以下监禁。

第 308 条　共同规定

由政府条例对本法典第 306 条和第 307 条所指的“动物传染病”、“植物传染病”和第 307 条所指的“害虫”的含义作出规定。

第九编 危害捷克共和国、外国和国际组织罪

第一章 危害捷克共和国、外国和国际组织的基础罪

第 309 条 叛国罪

1. 捷克共和国公民勾结外国势力或者外国代理人实施颠覆共和国罪（第 310 条）、恐怖主义袭击罪（第 311 条）、恐怖主义杀人罪（第 312 条）、蓄意破坏罪（第 314 条）的，处 15 年以上 20 年以下监禁，可以并处没收财产或者处以例外刑。

2. 本罪的预备，亦罚之。

第 310 条 颠覆共和国罪

1. 意图破坏捷克共和国的宪法秩序、领土完整、防卫能力或者危害其独立，而参加实施针对捷克共和国及其机关的敌对行为的，处 8 年以上 12 年以下监禁，可以并处没收财产。

2. 如果具有下列情形之一的，处 12 年以上 20 年以下监禁，可以并处没收财产或者处以例外刑：

a）作为有组织犯罪集团的成员实施本条第 1 款所指的行

为的；

b）该行为导致两人以上重伤或者一人以上死亡的；

c）行为造成特别巨大的损失的；

d）行为严重危及捷克共和国的国际地位的；

e）在国家紧急状态或者战争状态下实施本罪的。

3. 本罪的预备，亦罚之。

第 311 条　恐怖主义袭击罪

1. 出于破坏捷克共和国的宪法秩序、防卫能力或者损害、毁灭捷克共和国或者某一国际组织的基本政治、经济、社会结构的目的，以下列方式严重恐吓民众或者强迫政府、其他公共权力机关、国际组织做某事、不做某事或者容忍某事的，处 5 年以上 15 年以下监禁，可以并处没收财产：

a）出于致人死亡或者重伤的目的，实施危及人的生命或者健康的袭击的；

b）劫持人质或者实施绑架的；

c）较大规模毁灭或者破坏公共设施、交通系统、电信系统（包括信息系统）、大陆架固定平台、能源设备、供水设备、医疗设备或者其他重要设备、公共场所、公共财产，因此危及人的生命、系统、设备或者场所的安全或者使财产陷入遭受数额特别巨大损失的危险中的；

d）扰乱或者中断水、电或者任何其他自然资源的供应，因此危及人的生命或者使财产陷入遭受数额特别巨大损失的危险中的；

e）劫持或者控制航空器、船舶或者其他客运或者货运交通工具，或者毁灭或者严重破坏导航设备、严重干扰其运行或者向其提供重要的虚假信息，因此危及人的生命健康、交通工具的安全或者使财产陷入遭受数额特别巨大损失的危险中的；

f）非法生产、以其他方式获取、持有、进口、运输、出口、以其他方式提供、使用爆炸物、核武器、生物武器、化学武器或者其他武器，或者非法研究和发展法律或者国际条约所禁止的核武器、生物武器、化学武器、其他武器、作战手段或者爆炸物的；或者

g）以导致火灾、水灾、爆炸物、天然气、电力或者类似的其他危险物质或者力量的危害结果的方式故意使人们面临死亡、重伤危险或者使他人财产面临遭受数额特别巨大损失之危险，或者实施任何其他类似的公共危险行为，或者增大公共危险，或者妨碍对公共危险进行预防或者减轻的。

2. 威胁实施本条第1款所指的行为，或者向恐怖主义分子或者恐怖主义集团提供资金、物质或者其他支持的，处以与前款相同的刑罚。

3. 如果行为人具有下列情形之一的，处12年以上20年以下监禁，可以并处没收财产或者处以例外刑：

a）作为有组织犯罪集团的成员实施本条第1款所指的行为的；

b）该行为导致重伤或者死亡后果的；

c）使数量较大的人处于无家可归状态的；

d）导致较大范围的交通中断的；

e）行为造成特别巨大的损失的；

f）通过该行为为自己或者第三人获取数额特别巨大的利益的；

g）行为严重危及捷克共和国的国际地位或者捷克共和国作为成员国的国际组织的地位的；

h）在国家紧急状态或者战争状态下实施本罪的。

4. 本罪的预备，亦罚之。

第 312 条　恐怖主义杀人罪

1. 意图破坏捷克共和国的宪法秩序而故意杀害他人的，处 15 年以上 20 年以下监禁，可以并处没收财产或者处以例外刑。

2. 本罪的预备，亦罚之。

第 313 条　共同规定

本法典第 311 条和第 312 条的保护也适用于外国。

第 314 条　蓄意破坏罪

1. 出于破坏捷克共和国的宪法秩序、防卫能力或者损害国际组织的目的，利用其工作、职业、职位、职务或者实施任何其他行为，导致下列后果的，处 3 年以上 10 年以下监禁，可以并处没收财产：

a）阻止或者妨碍国际组织、公共权力机关、军队、安全部队、经济组织或者其他机构之重要工作的实施；或者

b）导致这些机关、组织、机构的活动混乱或者造成其他严重损失的。

2. 如果具有下列情形之一的，处 8 年以上 12 年以下监禁，可以并处没收财产：

a）作为有组织犯罪集团的成员实施本条第 1 款所指的行为的；

b）在国家紧急状态或者战争状态下实施本罪的。

3. 如果有下列情形之一的，处 10 年以上 20 年以下监禁，可以并处没收财产或者例外刑：

a）本条第 1 款所指的行为导致两人以上重伤或者一人以上死亡的；

b）行为造成特别巨大的损失的；

c）行为严重危及捷克共和国的国际地位或者捷克共和国作为成员国的国际组织的地位的；

d）在国家紧急状态或者战争状态下组织实施本罪的。

4．本罪的预备，亦罚之。

第 315 条 滥用国家或者国际组织代表权力罪

1．被授权代表捷克共和国或者捷克共和国作为其成员国的国际组织与外国势力谈判或者以其他方式保护捷克共和国或者捷克共和国作为其成员国的国际组织的利益的人，出于危害捷克共和国的宪法秩序、领土完整、防卫能力、独立或者损害该国际组织的目的，在与代表外国势力利益的人谈判时滥用其代表捷克共和国或者该国际组织的权力的，处 3 年以上 10 年以下监禁。

2．出于相同的目的，假装是被授权人并且就捷克共和国或者捷克共和国作为其成员国的国际组织的重大事项与代表外国势力利益的人进行谈判的，处以与前款相同的刑罚。

3．如果具有下列情形之一的，处 8 年以上 12 年以下监禁：

a）作为有组织犯罪集团的成员实施本条第 1 款或者第 2 款所指的行为的；

b）行为严重危及捷克共和国的国际地位或者捷克共和国作为成员国的国际组织的地位的；

c）在国家紧急状态或者战争状态下实施本罪的。

4．本罪的预备，亦罚之。

第二章　危害捷克共和国、外国和国际组织的安全罪

第316条　间谍罪

1. 出于向外国势力泄露的目的刺探被其他法律规定为秘密并且对其予以利用可能威胁或者损害捷克共和国或者其他国家的宪法秩序、主权、领土完整、防务和安全或者国际组织的防务和安全（应当在捷克共和国有义务保护该组织利益的范围之内）的情报，或者出于相同的目的收集包含秘密情报的资料，或者故意向外国势力泄露此种秘密情报的，处2年以上8年以下监禁。

2. 容许行为人或者以刺探秘密情报为宗旨的组织实施本条第1款所指的活动或者为其提供便利的，处以与前款相同的刑罚。

3. 如果具有下列情形之一的，处8年以上15年以下监禁：

a）以刺探秘密情报为宗旨的集团的成员实施本条第1款或者第2款所指的行为的；

b）负有保护秘密情报之具体义务的人实施犯罪的；

c）通过该行为为自己或者第三人获取数额巨大的利益，或者实施该行为数量巨大的；

d）针对被其他法律确定为绝密的秘密情报实施本罪的。

4. 在国家紧急状态或者战争状态下实施本条第1款或者第2

款所指的行为的，处 12 年以上 20 年以下监禁或者例外刑。

5. 本罪的预备，亦罚之。

第 317 条 危害秘密情报罪

1. 出于向未被授权的人泄露的目的刺探被其他法律规定为秘密的情报，或者出于相同的目的收集包含秘密情报的资料，或者故意向未被授权的人泄露此种秘密情报的，处 3 年以下监禁或者剥夺资格。

2. 如果具有下列情形之一的，处 2 年以上 8 年以下监禁：

a）故意将被其他法律确定为绝密或者机密的秘密情报泄露给无权知晓的人的；

b）负有保护秘密情报之具体义务的人实施本条第 1 款所指的行为的；

c）通过该行为为自己或者第三人获取数额巨大的利益、造成巨大损失或者其他特别严重的后果的。

3. 如果具有下列情形之一的，处 5 年以上 12 年以下监禁：

a）针对被其他法律确定为绝密的捷克共和国国防秘密情报实施本条第 1 款所指的犯罪的；

b）在国家紧急状态或者战争状态下实施本罪的。

4. 本罪的预备，亦罚之。

第 318 条 过失危害秘密情报罪

过失导致被其他法律确定为绝密和机密之保密等级的秘密情报被泄露的，处 3 年以下监禁或者剥夺资格。

第三章　危害国防罪

第 319 条　与敌人合作罪

1. 在国家紧急状态或者战争状态下，以任何方式向敌人提供好处或者任何资助，如果没有实施处罚更重的行为的，处 1 年以上 10 年以下监禁。

2. 本罪的预备，亦罚之。

第 320 条　战时叛国罪

1. 捷克共和国公民在国家紧急状态或者战争状态下在敌人军队中服役的，处10 年以上 20 年以下监禁或者例外刑。

2. 本罪的预备，亦罚之。

第 321 条　在外国军队中服役罪

1. 捷克共和国公民违反其他法律的规定在外国军队或者外国武装集团中服役的，处 5 年以下监禁。

2. 在国家紧急状态或者战争状态下实施本条第 1 款所指的行为的，处 3 年以上 10 年以下监禁。

第 322 条　违反国防人力或者物资义务罪

1. 不履行（即使出于过失也不例外）关于国防的人力或者物资义务，或者故意逃避履行这些义务，或者阻止或者妨碍（即使出于过失也不例外）他人履行这些义务的，处 6 个月以上 3 年以下监禁。

2. 如果本条第 1 款所指的行为严重危及国防利益的，处 2 年以上 8 年以下监禁。

第十编 危害公共事务秩序罪

第一章 危害公共当局和公务员行使权力罪

第 323 条 针对公共权力机关的暴行罪

1．使用暴力意图对国家行政机关、地方行政机关、法院或者其他公共权力机关的权力行使施加影响的，处 6 个月以上 5 年以下监禁。

2．如果具有下列情形之一的，处 2 年以上 8 年以下监禁：

a）使用武器实施本条第 1 款所指的行为的；

b）行为给他人造成伤害的；

c）行为造成巨大的损失的。

3．如果本条第 1 款所指的行为造成下列后果的，处 4 年以上 12 年以下监禁：

a）致人重伤；

b）行为造成特别巨大的损失的；

c）扰乱该机关的活动的。

4．如果本条第 1 款所指的行为致人死亡的，处 10 年以上 18

年以下监禁。①

5. 本罪的预备，亦罚之。

第 324 条　威胁公共权力机关罪

1. 以死亡、伤害健康或者造成数额巨大损失威胁他人有下列情形的，处 3 年以下监禁：

a）意图对国家行政机关、地方行政机关、法院或者其他公共权力机关的权力行使施加影响的；或者

b）因为这些机关行使其权力而实施的。

2. 如果使用武器实施本条第 1 款所指的行为的，处 5 年以下监禁。

第 325 条　针对公务员的暴行罪

1. 使用暴力实施下列行为的，处 4 年以下监禁：

a）意图对公务员的权力行使施加影响的；或者

b）因为该公务员行使其权力而实施的。

2. 如果具有下列情形之一的，处 6 个月以上 6 年以下监禁：

a）使用武器实施本条第 1 款所指的行为的；

b）行为给他人造成伤害的；

c）行为造成较大的损失的。

3. 如果本条第 1 款所指的行为造成下列后果的，处 3 年以上 12 年以下监禁：

a）重伤；

b）巨大损失的。

4. 如果本条第 1 款所指的行为致人死亡的，处 8 年以上 16 年以下监禁。②

---

① 2009 年 8 月 7 日第 306/2009 号法律修正。

② 2009 年 8 月 7 日第 306/2009 号法律修正。

5．本罪的预备，亦罚之。

第326条　威胁公务员罪

1．以死亡、伤害健康或者造成数额巨大损失威胁他人有下列情形的，处3年以下监禁：

a）意图对公务员的权力行使施加影响的；或者

b）因为该公务员行使其权力而实施的。

2．如果使用武器实施本条第1款所指的行为的，处5年以下监禁。

第327条　共同规定

1．本法典第323条至第326条规定的保护，也应当适用于在场为国家行政机关、地方行政机关、法院、其他公共权力机关或者公务员提供支持或者保护的人。

2．本法典第323条至第326条规定的保护，也应当适用于外国或者国际组织的依据国际法享有外交或者其他特权和豁免权的公务员，或者在国际司法机构中担任职务、受雇、工作的人。

第328条　篡夺公共权力罪

非法实施预定由国家行政机关、地方行政机关、法院或者其他公共权力机关实施的行为，或者实施只能由国家行政机关、地方行政机关、法院或者其他公共权力机关依职权实施的行为的，处2年以下监禁。

第二章 公务员犯罪

第 329 条 滥用公务员权力罪

1. 公务员意图对他人造成损失或者其他严重损害或者为自己获取不正当利益，实施以下行为的，处 6 个月以上 3 年以下监禁或者剥夺资格：

a）以违反法律的方式行使其权力的；

b）超越其职权；或者

c）不履行其职责义务的。

2. 如果具有下列情形之一的，处 2 年以上 10 年以下监禁：

a）通过本条第 1 款所指的行为为自己或者第三人获取数额巨大的利益的；

b）因为他人真实或者假称的种族、族群、国籍、政治观点、宗教信仰或者因为他人真实或者假称不信仰宗教而对之实施的；

c）该行为对国家行政机关、地方政府、法院或者其他公共机关的活动造成严重干扰的；

d）该行为对法人或者作为经营者的自然人的活动造成严重干扰的；

e）利用他人的无自卫能力、依赖、危难、精神耗弱或者无经验实施行为的；

f）行为造成巨大的损失的。

3. 如果具有下列情形之一的，处 5 年以上 12 年以下监禁或者没收财产：

a）通过该行为为自己或者第三人获取数额特别巨大的利益的；

b）行为造成特别巨大的损失的。

4. 本罪的预备，亦罚之。

第 330 条 过失未完成公务员职责罪

1. 公务员在行使权力时过失使履行重要任务失败或者造成重大困难的，处 1 年以下监禁或者剥夺资格。

2. 如果具有下列情形之一的，处 3 年以下监禁或者剥夺资格：

a）本条第 1 款所指的行为对国家行政机关、地方政府、法院或者其他公共机关的活动造成严重干扰的；

b）该行为对法人或者作为经营者的自然人的活动造成严重干扰的；

c）行为造成巨大的损失的；

d）通过该行为获取他人数额巨大的利益的。

3. 如果具有下列情形之一的，处 1 年以上 5 年以下监禁：

a）本条第 1 款所指的行为造成特别巨大的损失的；

b）通过该行为获取他人数额特别巨大的利益的。

第三章 贿赂罪

第 331 条 受贿罪

1. 自己或者通过中间人，为自己或者第三人收受与公益物品采购有关的贿赂或者接受给予贿赂的许诺，或者自己或者通过中间人，为自己或者第三人收受与其本人或者他人所从事的事务有关的贿赂或者接受给予贿赂的许诺的，处3年以下监禁或者剥夺资格。

2. 在本条第1款所指的情形下索取贿赂的，处6个月以上5年以下监禁。

3. 如果具有下列情形之一的，处2年以上8年以下监禁或者没收财产：

a）意图为自己或者第三人获取数额巨大的利益而实施本罪的；

b）公务员实施该行为的。

4. 如果具有下列情形之一的，处5年以上12年以下监禁：

a）意图为自己或者第三人获取数额特别巨大的利益而实施本罪的；

b）作为公务员意图为自己或者第三人获取数额特别巨大的利益而实施本罪的。

第332条 行贿罪

1. 向他人或者第三人实际给予、提议给予或者许诺给予与公益物品采购有关的贿赂，或者向他人或者第三人实际给予、提议给予或者许诺给予与其本人或者他人所从事的事务有关的贿赂的，处2年以下监禁或者罚金。

2. 如果具有下列情形之一的，处1年以上6年以下监禁、没收财产或者罚金：

a）实施本条第1款所指的行为意图为自己或者第三人获取数额巨大的利益、给他人造成数额巨大的损失或者造成其他特别严重的后果的；

b）针对公务员实施该行为的。

第 333 条　间接贿赂罪

1．因为将要或者已经由本人或者通过他人向公务员的权力行使施加影响，而索取或者收受贿赂的，处 3 年以下监禁。

2．在本条第 1 款所指的情形下实际给予、提议给予或者许诺给予贿赂的，处 2 年以下监禁。

第 334 条　共同规定

1．贿赂是指向被贿赂人或者经其同意的无获取资格的第三人提供或者准备提供的直接物质利益或者其他利益。

2．除了本法典第 127 条所指的人员外，第 331 条至第 333 条所指的公务员也应当包括履行与采购公益物品的权力有关的职责、职业、工作并且其犯罪的实施与该权力的行使有关的下列人员：

a）在外国的立法机关、司法机关或者其他公共权力机关担任职务的人；

b）在国际司法机关中担任职务、受雇或者工作的人；

c）在由国家或者其他国际公法主体建立的国际组织或者跨国组织或者其机关或者机构中担任职务、受雇或者工作的人；或者

d）在捷克共和国或者外国对之具有决定性影响力的工商业法人中担任职务的人。

3．公益物品采购，也应当包括出于确保业务关系的参与人或者其代表人在业务关系中避免损失或者得到不正当的偏袒的目的，履行法律所规定或者合同所承担的义务。

第四章　其他妨碍公共权力机关活动的犯罪

第335条　妨碍司法独立罪

1. 在司法程序中影响法官违背其义务的，处6个月以上3年以下监禁。

2. 如果出于下列意图实施本条第1款所指的行为的，处2年以上10年以下监禁：

a）为自己或者第三人获取数额巨大的利益的；

b）造成巨大的损失的；

c）严重妨碍其工作、干扰其家庭关系或者对其造成严重损害的。

3. 如果出于下列意图实施本条第1款所指的行为的，处5年以上12年以下监禁：

a）为自己或者第三人获取数额特别巨大的利益的；

b）行为造成特别巨大的损失的。

第336条　藐视法庭罪

反复实施下列行为的，处2年以下监禁或者没收财物或者其他物品：

a）严重干扰法庭审理；

b）在法庭审理过程中实施无礼或者贬低法庭的行为；或者

c）无充足理由不遵守法院命令或者传唤，或者延误法庭审理。

第 337 条 妨碍官方的决定或者文书的执行罪

1．以下列方式延误或者严重阻碍法院或者其他公共权力机关的决定的执行的，处 3 年以下监禁：

a）实施该决定所禁止的活动或者根据其他立法已撤销的许可；

b）已被判决驱逐出境或者被行政程序决定驱逐出境的人继续居留于捷克共和国领域的；

c）在未获许可并且无重要理由的情况下停留于禁止居住刑罚所及的地点或者区域，或者不遵守法院所适用的与该刑罚的执行有关的禁令和义务的；

d）被判处禁止参加体育活动、文化活动和其他社会活动刑罚的人参加这些活动或者实施其他妨碍这种刑罚目的的实现的严重行为的；

e）在无正当理由的情况下不到案执行法院判处的剥夺自由处罚，或者以其他方式非法妨碍剥夺自由处罚的开始执行的；

f）实施妨碍刑罚的执行及其目的的严重行为的；

g）实施妨碍保释的执行及其目的的严重行为的；

h）实施妨碍治安拘留的执行及其目的的严重行为的；

i）实施妨碍法院所适用的保安治疗或者保安教养的执行及其目的的严重行为（尤其是从执行机构逃跑、帮助逃避这些决定的执行或者以其他方式使这些决定的执行更加困难），或者破坏保安治疗结束之时所适用的监管的。

2．严重或者反复实施行为妨碍依据其他法律的规定或者法院决定赋予特定人暂时离开并且禁止进入共同住宅及其紧邻周边区域的义务和禁止与请求人接触的义务的临时措施的，处以与前款相同的刑罚。

3. 以下列方式阻止或者严重妨碍法院或者其他公共权力机关所作决定的执行的，处5年以下监禁或者罚金：

a）将与这些决定相关的财物或者其他财产价值予以毁灭、破坏、使之无法使用、藏匿、转让、拿走的；或者

b）在执行剥夺自由刑或者治安拘留时逃避看守、羁押或者执行的。

4. 在民事诉讼中为执行有关未成年人子女监护（包括对与子女接触安排的调整）的法院决定或者被法院批准的协议所采取的措施失败后，阻碍该决定或者协议的执行，或者实施意图阻碍其他公共权力机关针对该未成年子女的监护所作的决定（包括对与子女接触安排的调整）执行的严重行为的，处1年以下监禁。

第338条 私放在押人员罪

1. 私放囚犯或者保安收容的被收容人，或者组织、指挥、筹备他们脱逃的，处3年以下监禁、剥夺资格或者没收财物或者其他物品。

2. 在实施本条第1款所指行为时如果具有下列情形之一的，处1年以上5年以下监禁：

a）使用武器实施的；

b）公务员实施的。

第339条 暴力越境罪

1. 使用暴力或者以即刻使用暴力为内容的威胁的手段，穿越国境的，处1年以上5年以下监禁。

2. 如果具有下列情形之一的，处3年以上10年以下监禁或者没收财产：

a）组织实施本条第1款所指的行为的；

b）使用武器或者针对两人以上实施本罪的；

c）意图掩饰其他犯罪或者为其他犯罪的实施提供便利而实施行为的；

d）行为致人重伤的；

e）行为造成巨大的损失的；

f）在国家紧急状态或者战争状态下实施本罪的。

3. 如果具有下列情形之一的，处 8 年以上 15 年以下监禁，可以并处没收财产：

a）本条第 1 款所指的行为致人死亡的；

b）该行为导致两人以上重伤的；

c）行为造成特别巨大的损失的；

d）作为军人在国家紧急状态或者战争状态下实施本罪的。

4. 本罪的预备，亦罚之。

第 340 条　组织或者便利非法越境罪

1. 组织他人非法穿越国境，或者帮助他人非法穿越国境，或者在他人非法进入捷克共和国境内后帮助运送或者组织运送的，处 2 年以下监禁或者剥夺资格。

2. 如果具有下列情形之一的，处 6 个月以上 5 年以下监禁、没收财产或者罚金：

a）作为有组织犯罪集团的成员实施本条第 1 款所指的行为的；

b）使他人遭受不人道的或者有辱人格的待遇的；

c）实施该行为以获取报酬的；

d）重复实施该行为的；

e）意图掩饰其他犯罪或者为其他犯罪的实施提供便利而实施行为的。

3．如果具有下列情形之一的，处2年以上8年以下监禁或者没收财产：

a）作为有组织犯罪集团的成员并且为了获取报酬而实施本条第1款所指的行为；

b）该行为使他人面临死亡危险的；

c）该行为致人重伤的；

d）通过该行为为自己或者第三人获取数额巨大的利益的；

e）使用武器实施犯罪的；

f）在国家紧急状态或者战争状态下实施本罪的。

4．如果具有下列情形之一的，处5年以上12年以下监禁，还可以并处没收财产：

a）本条第1款所指的行为致人死亡的；

b）该行为导致两人以上重伤的；

c）通过该行为为自己或者第三人获取数额特别巨大的利益的；

d）作为军人在国家紧急状态或者战争状态下实施本罪的。

5．本罪的预备，亦罚之。

第341条　为在捷克共和国领域内非法居留提供便利罪

1．意图获取非法财产或者其他利益，向未获得在捷克共和国居留之许可的他人提供帮助的，处1年以下监禁或者剥夺资格。

2．如果具有下列情形之一的，处3年以下监禁：

a）组织实施本条第1款所指的行为的；

b）作为有组织犯罪集团的成员实施所指的行为的；

c）重复实施该行为的；

d）意图掩饰其他犯罪或者为其他犯罪的实施提供便利而实

施行为的。

3. 如果具有下列情形之一的，处6个月以上5年以下监禁、没收财产或者罚金：

a）通过本条第1款所指的行为为自己或者第三人获取数额巨大的利益的；

b）在国家紧急状态或者战争状态下实施本罪的。

4. 如果具有下列情形之一的，处2年以上8年以下监禁，并处没收财产：

a）通过本条第1款所指的行为为自己或者第三人获取数额特别巨大的利益的；

b）作为军人在国家紧急状态或者战争状态下实施本罪的。

第342条 非法雇用外国人罪

1. 较大规模雇用或者安排雇用在捷克共和国非法居留的外国人，或者较大规模雇用或者安排雇用没有依据其他法律获得有效工作许可证的外国人的，处6个月以下监禁、没收财物或者其他物品或者剥夺资格。

2. 在实施本条第1款所指行为时如果具有下列情形之一的，处1年以下监禁：

a）作为有组织犯罪集团的成员实施所指的行为的；

b）为了获取报酬的；

c）重复实施该行为的。

3. 如果通过本条第1款所指的行为为自己或者第三人获取数额巨大的利益的，处6个月以上3年以下监禁。

4. 通过本条第1款所指的行为为自己或者第三人获取数额特别巨大的利益的，处1年以上5年以下监禁，还可以并处没收财产。

第 343 条　违反国际飞行法规罪

以驾驶航空器闯入捷克共和国领域的方式违反国际飞行法规的，处 6 个月以上 3 年以下监禁。

第 344 条　被关押人员叛乱罪

1．参加成批的囚犯或者保安收容中的被收容人抵制监管机关、监管机关的命令、监禁或者保安收容的执行规则叛乱的，处 1 年以上 5 年以下监禁。

2．如果具有下列情形之一的，处 3 年以上 10 年以下监禁：

a）组织实施本条第 1 款所指的行为的；

b）使用武器实施该行为的；

c）意图掩饰其他犯罪或者为其他犯罪的实施提供便利而实施行为的；

d）行为致人重伤的；

e）行为造成巨大的损失的；

f）在国家紧急状态或者战争状态下实施本罪的。

3．如果本条第 1 款所指的行为造成下列后果的，处 8 年以上 16 年以下监禁：①

a）致人死亡的；

b）造成两人以上重伤的；

c）行为造成特别巨大的损失的。

4．本罪的预备，亦罚之。

第 345 条　诬告罪

1．虚假指控他人实施了犯罪行为的，处 2 年以下监禁。

2．虚假指控他人实施了犯罪行为意图引起对其的刑事追诉

---

① 2009 年 8 月 7 日第 306/2009 号法律修正。

的，处3年以下监禁。

3. 如果具有下列情形之一的，处2年以上8年以下监禁：

a）本条第1款或者第2款所指的行为造成巨大的损失的；

b）利用报刊、电影、无线电广播、电视、公共计算机系统或者具有类似效果的其他工具实施行为的；

c）严重妨碍其工作、干扰其家庭关系或者对其造成严重损害的；

d）意图掩饰其他犯罪或者为其他犯罪的实施提供便利而实施行为的；

e）因为他人履行基于其工作、职业、职位、职权所产生的或者法律所赋予的义务而对之实施行为的。

4. 如果本条第1款或者第2款所指的行为造成特别巨大的损失的，处3年以上10年以下监禁。

第346条 伪证或者虚假鉴定罪

1. 鉴定人提供虚假的、严重歪曲或者不完整的鉴定结论的，处2年以下监禁或者剥夺资格。

2. 作为证人或者鉴定人，向法院、国际司法机关、作为司法专员的公证人、检察官、依据《刑事诉讼法典》负责审前程序的警察机关、捷克共和国议会的调查委员会作出以下行为的，处6个月以上3年以下监禁或者剥夺资格：

a）就对司法裁判或者捷克共和国议会的调查委员会的调查结论具有重大意义的事实作虚假的陈述；或者

b）隐瞒这些事实的。

3. 如果具有下列情形之一的，处2年以上10年以下监禁：

a）本条第1款或者第2款所指的行为造成巨大的损失的；

b）意图严重妨碍其工作、干扰其家庭关系或者对其造成严重损害的。

第347条 虚假翻译罪

1. 作为翻译人，在诉讼活动中向公共权力机关或者在与该诉讼活动相关的情形下，针对公共权力机关的决定具有重大意义的事实或者情节提供虚假的、严重歪曲或者不完整的口头翻译或者书面翻译的，处2年以下监禁或者剥夺资格。

2. 作为翻译人，向法院、国际司法机关、作为司法专员的公证人、检察官、依据《刑事诉讼法典》负责审前程序的警察机关、捷克共和国议会的调查委员会提供虚假的、严重歪曲或者不完整的口头翻译或者书面翻译的，处6个月以上3年以下监禁或者剥夺资格。

3. 如果具有下列情形之一的，处2年以上10年以下监禁：

a）本条第1款或者第2款所指的行为造成巨大的损失的；

b）意图严重妨碍其工作、干扰其家庭关系或者对其造成严重损害的。

第348条 伪造或者变造公文罪

1. 出于作为真实公文使用的目的而伪造公文或者对公文的内容作重大变更，或者将此种公文作为真实公文使用，或者出于作为真实公文使用的目的而为自己或者他人获取或者持有此种公文，或者生产、提供、销售、运送、以其他方式为自己或者他人获取、持有专门用于或者改造用于伪造或者变造公文的工具、设备及其部件、工艺或者其他物品（包括计算机程序）的，处3年以下监禁或者剥夺资格。

2. 如果具有下列情形之一的，处1年以上6年以下监禁：

a）作为有组织犯罪集团的成员实施本条第1款所指的行为的；

b）行为造成巨大的损失的；

c）通过该行为为自己或者第三人获取数额巨大的利益的。

3. 如果具有下列情形之一的，处3年以上10年以下监禁：

a）作为跨国有组织犯罪集团的成员实施本条第1款所指的行为的；

b）意图为叛国罪（第309条）、恐怖主义袭击罪（第311条）或者恐怖主义杀人罪（第312条）的实施创造条件或者提供便利而实施本罪的；

c）行为造成特别巨大的损失的；

d）通过该行为为自己或者第三人获取数额特别巨大的利益的。

第349条 非法制作或者持有国玺或者公章罪

非法为自己或者他人制作、持有或者藏匿国玺、含有国徽标志的国家机关印章、其印记属于公文必备组成部分的印章或者有资格履行其职权之主体的印章的，处1年以下监禁或者剥夺资格。

第350条 伪造或者签发虚假的医疗报告、医疗意见或者医疗结论罪

1. 伪造医疗报告、医疗意见、医疗结论或者对其内容作重大变更，意图将其用于社会保险机构的程序中或者用于其他公共权力机关的刑事程序、民事程序或者其他程序中，或者在社会保险机构的管理活动或者用于其他公共权力机关的刑事程序、民事程序或者其他程序中，将其作为真实的报告、意见、结论使用的，处2年以下监禁或者剥夺资格。

2. 医生或者其他医疗工作人员签发虚假或者严重变造的用于社会保险机构的程序中或者用于其他公共权力机关的刑事程

序、民事程序或者其他程序中医疗报告、医疗意见、医疗结论或者在其中隐瞒与健康状况或者其他情况有关的重要事实，或者在社会保险机构的管理活动或者用于其他公共权力机关的刑事程序、民事程序或者其他程序中，使用此种医疗报告、医疗意见、医疗结论的，处以与前款相同的刑罚。

3. 如果具有下列情形之一的，处6个月以上5年以下监禁或者罚金：

a）通过本条第1款或者第2款所指的行为为自己或者第三人获取数额巨大的利益的；

b）该行为造成巨大的损失的。

4. 如果具有下列情形之一的，处2年以上8年以下监禁：

a）通过本条第1款或者第2款所指的行为为自己或者第三人获取数额特别巨大的利益的；

b）行为造成特别巨大的损失的。

第351条　破坏选举或者全民公决的准备和进行罪

以暴力、暴力威胁、欺骗手段妨碍他人行使选举权利或者在全民公决中的投票权利或者以这种手段强迫他人行使选举权利或者投票权利，或者在与政党的成员人数有关的文书、选举申请书或者与选举或者全民公决有关的其他文书中伪造信息或者故意将其作为真实的文书使用，或者故意不正确统计投票或者侵犯投票的秘密性，或者以其他方式严重破坏立法机关或者地方机关（地方政府）选举或者全民公决的筹备或者直至结果公布之前的整个进程的，处6个月以上3年以下监禁。

第五章　破坏人类和平共处罪

第352条　针对群体或者个体的居民的暴行罪

1. 针对群体的居民实施以导致死亡、身体伤害或者造成特别巨大的损失为内容的威胁的，处1年以下监禁。

2. 因为他人真实或者假称的种族、族群、国籍、政治观点、宗教信仰或者因为他人真实或者假称不信仰宗教，而针对群体或者个体的居民实施以导致死亡、身体伤害或者造成特别巨大的损失为内容的威胁的，处6个月以上3年以下监禁。

3. 共谋实施或者中止实施本条第2款所指的行为的人，也应当追究相同的刑事责任。

第353条　危险恐吓罪

1. 以可能引起合理担忧的方式对他人实施以导致死亡、身体伤害或者造成特别巨大的损失为内容的威胁的，处1年以下监禁或者剥夺资格。

2. 在实施本条第1款所指行为时如果具有下列情形之一的，处3年以下监禁或者剥夺资格：

a）作为有组织犯罪集团的成员实施所指的行为的；

b）针对未成年人或者孕妇实施的；

c）使用武器实施的；

d）因为证人、鉴定人或者翻译人履行其职责而对其实施的；

e）医务人员在从事目的在于救助生命健康的医疗职业或者工作时，或者其他人在履行基于其工作、职业、职位、职权所产生的或者法律所赋予的保护生命、健康、财产的类似义务时实施的。①

第354条　危险骚扰罪

1．以下列方式长期骚扰他人，并且该行为可能引起对其生命健康或者关系密切人的生命的合理担忧的，处1年以下监禁或者剥夺资格：

a）威胁对他人及其关系密切人造成身体伤害或者其他损害；

b）搜查或者监视其关系密切人；

c）持续以电子通信工具、文字或者其他方式联系他人；

d）在其通常的生活方式中对其进行限制；或者

e）利用其个人资料以便获得人身的或者其他的接触的。

2．在实施本条第1款所指行为时如果具有下列情形之一的，处6个月以上3年以下监禁：

a）针对未成年人或者孕妇实施的；

b）使用武器实施的；

c）针对两人以上实施的。

第355条　诽谤民族、种族、族群或者其他群体罪

1．在下列情形下公然诽谤的，处2年以下监禁：

a）因为其民族、语言、种族、族群；

b）因为某一群体真实的或者声称的种族、族群、国籍、政治观点、宗教信仰或者因为其确实或者声称不信仰宗教而对之实施的。

2．在实施本条第1款所指行为时如果具有下列情形之一的，处3年以下监禁：

① 2009年8月7日第306/2009号法律修正。

a）针对两人以上实施的；

b）利用报刊、电影、无线电广播、电视、公共计算机系统或者具有类似效果的其他工具实施行为的。

第 356 条　煽动仇视某一群体或者限制其权利自由罪

1. 公然煽动针对任何民族、种族、族群、宗教、阶级或者其他人群的仇恨或者限制其成员的权利自由的，处 2 年以下监禁。

2. 共谋实施或者中止实施本条第 1 款所指行为的人，处以与前款相同的刑罚。

3. 如果具有下列情形之一的，处 6 个月以上 3 年以下监禁：

a）利用报刊、电影、无线电广播、电视、公共计算机系统或者具有类似效果的其他工具实施本条第 1 款所指的行为的；

b）以该行为煽动积极参加宣扬歧视、暴力或者种族仇恨、族群仇恨、阶级仇恨、宗教仇恨或者其他仇恨的组织或者社团的。

第六章　其他扰乱公共秩序的犯罪

第 357 条　传播使人惊恐的虚假消息罪

1. 以传播使人惊恐的虚假消息的手段，故意在一定区域内的至少部分人们中引起对危险的严重担忧的，处 2 年以下监禁或者剥夺资格。

2. 如果本条第 1 款所指的消息或者任何其他虚假信息可能引起基于一定区域内的至少部分人们危险的严重担忧而采取的措施，或者可能引起综合救援系统通知法院、捷克共和国警察机关、国家行政机关、地方行政机关、其他公共权力机关、法人、作为经营者的自然人采取无偿的救援行动，或者通过大众信息传播媒介实施的，处6个月以上3年以下监禁或者剥夺资格。

3. 如果具有下列情形之一的，处1年以上5年以下监禁：

a）重复实施本条第1款或者第2款所指的行为的；

b）作为有组织犯罪集团的成员实施所指的行为的；

c）行为造成巨大的损失的；

d）该行为对国家行政机关、地方政府、法院或者其他公共机关的活动造成严重干扰的；

e）该行为对法人或者作为经营者的自然人的活动造成严重干扰的。

4. 如果具有下列情形之一的，处2年以上8年以下监禁：

a）在国家紧急状态、战争状态、发生自然灾害或者对人的生命、健康、公共秩序、财产构成严重威胁的其他事件时实施第1款或者第2款所指的行为的；

b）行为造成特别巨大的损失的。

第358条　妨碍治安罪

1. 公然或者在公众可以进入的场所实施卑俗的不当行为或者扰乱行为，尤其是袭击他人、亵渎墓地或者历史文化遗址或者以卑俗的方式扰乱有组织的体育活动、民众集会、民众庆典的筹备或者进行的，处2年以下监禁。

2. 在实施本条第1款所指行为时如果具有下列情形之一的，处3年以下监禁：

a）重复实施该行为的；

b）作为有组织犯罪集团的成员实施所指的行为的。

第 359 条 侮辱人体尸骸罪

1. 非法打开存有人类遗骸的坟墓、墓地、骨灰盒的，处 2 年以下监禁或者剥夺资格。

2. 随意从墓地取走人类遗骸或者以违反法律规定的方式处理人类遗骸的，处以与前款相同的刑罚。

3. 如果实施本条第 1 款或者第 2 款所指的行为时具有下列情形之一的，处 3 年以下监禁：

a）作为有组织犯罪集团的成员实施所指的行为的；

b）意图为自己或者第三人获取经济利益的；

c）意图掩饰其他犯罪或者为其他犯罪的实施提供便利而实施行为的。

第 360 条 自陷醉态罪

1. 吸食或者使用致瘾物质使自己陷入（即使出于过失也不例外）精神错乱状态下，并且在此状态下实施符合其他犯罪构成特征的行为的，处 3 年以上 10 年以下监禁；如果其所实施的行为的法定刑较轻的，应当适用较轻的刑罚。

2. 如果行为人意图实施犯罪而使其陷入精神错乱状态或者过失实施已将自陷精神错乱状态这一事实包括在内的犯罪行为的，不适用本条第 1 款和第 26 条的规定。

第七章 有组织犯罪集团罪

第 361 条 参加有组织犯罪集团罪

1. 组织犯罪集团、参加有组织犯罪集团的活动或者帮助有组织犯罪集团的，处2年以上10年以下监禁或者没收财产。

2. 针对意图实施叛国罪（第309条）、恐怖主义袭击罪（第311条）或者恐怖主义杀人罪（第312条）的有组织犯罪集团实施本条第1款所指的行为的，处3年以上12年以下监禁或者没收财产。

3. 如果担任意图实施叛国罪（第309条）、恐怖主义袭击罪（第311条）或者恐怖主义杀人罪（第312条）的有组织犯罪集团的领导人或者代表人的，处5年以上15年以下监禁或者没收财产。

4. 实施本法典第107条和第108条的规定不适用于本条第1款至第3款所指行为的行为人。

第362条　有效悔罪的特殊规定

实施本法典第361条所规定的有组织犯罪集团行为的人，在有组织犯罪集团以第361条规定以外的其他行为对刑法所保护的利益所产生的威胁尚且能够被消除之时，向检察官或者警察机关报告的，不以犯罪论处。军人可以替代向其上级报告。

第363条　免除行为人的刑事责任

1. 警察作为其他立法所规定的特工（后文称为“特工”）出于对为了该有组织犯罪集团的利益所实施之犯罪的行为人进行调查的目的，参加有组织犯罪集团的活动或者帮助有组织犯罪集团，不构成本法典第361条第1款和第2款所规定的参加有组织犯罪集团罪。

2. 作为特工的警察出于对为了该有组织犯罪集团的利益所实施犯罪的行为人进行调查的目的，参加实施下列犯罪的有组织犯罪集团的活动、成为该有组织犯罪集团的成员或者帮助该有组织犯罪集团的，不构成犯罪：贩卖人口罪（第168条），将未成年人交付他人支配罪（第169条），侵害通信秘密罪（第182

条)，淫媒罪（第 189 条)，传播淫秽物品罪（第 191 条)，制作或者以其他方式处分未成年人淫秽物品罪（第 192 条)，利用未成年人制作淫秽物品罪（第 193 条)，经营欺诈赌博罪（第 213 条)，赃物罪（第 214 条)，合法化犯罪所得罪（第 216 条)，违反如实申报财产义务罪（第 227 条)，伪造或者变造货币罪（第 233 条)，非法制作、伪造、变造支付凭证罪（第 234 条)，使用伪造或者变造的货币罪（第 235 条)，制作或者持有伪造设备罪（第 236 条)，违规制造货币罪（第 237 条)，违反关于标签和用以识别商品的其他标志的规定罪（第 244 条)，伪造或者变造用于税收目的商品识别标志或者证明缴费义务履行的标志罪（第 245 条)，违反外汇管理紧急状态禁令罪（第 247 条)，非法经营罪（第 251 条)，非法经营彩票或者其他类似赌博罪（第 252 条)，违反有关与外国之间的商品流通的法规罪（第 261 条)，违反有关军民两用的商品或者技术出口监管的法规罪（第 262 条)，违反有关商品或者军民两用技术出口的义务罪（第 263 条)，未获许可或者执照进行军事物资对外贸易罪（第 265 条)，违反与签发军事物资对外贸易许可或者执照有关的义务罪（第 266 条)，歪曲关于军事物资对外贸易的信息或者不保存有关文书罪（第 267 条)，非法持有武器罪（第 279 条)，发展、制作、持有禁用武器罪（第 280 条)，非法制造或者持有放射性物质或者高度危险物质罪（第 281 条)，非法制造或者持有核物质或者特种可裂变物质罪（第 282 条)，非法制造或者处分麻醉药品、精神药品或者毒品罪（第 283 条)，非法持有麻醉药品、精神药品或者毒品罪（第 284 条)，非法种植含有麻醉物质或者精神物质的植物罪（第 285 条)，制作、持有用于制造麻醉药品、精神药品或者毒品的物品罪（第 286 条)，非法处分废物罪（第 298

条)，非法处分受保护的野生动植物罪（第 299 条），受贿罪（第 331 条），行贿罪（第 332 条），第 333 条第 2 款的间接贿赂罪、组织或者便利非法越境罪（第 340 条），为在捷克共和国领域内非法居留提供便利罪（第 341 条），伪造或者变造公文罪（第 348 条）。

3．特工建立或者教唆建立有组织犯罪集团的，不能免除刑事责任。

第八章　以其他形式向犯罪提供协力罪

第 364 条　煽动犯罪行为罪

公然煽动犯罪的，处 2 年以下监禁。

第 365 条　赞同犯罪行为罪

1．公然赞同所实施的犯罪或者公然称赞犯罪的行为人的，处 1 年以下监禁。

2．意图表达对犯罪的赞成而实施下列行为的，处以与前款相同的刑罚：

a）就其受到刑罚给予其本人或者关系密切人以奖励或者补偿的；或者

b）为该奖励或者补偿募集资金的。

第 366 条　帮助罪犯罪

1．帮助犯罪人意图使其逃避刑事追诉、适用刑罚或者保安处分、执行刑罚或者保安处分的，处4年以下监禁；如果本法典对被帮助的犯罪人所犯之罪规定的刑罚轻于上述刑罚的，处以较轻的刑罚。

2. 实施本条第1款所指的行为帮助关系密切人的，不承担刑事责任，但出于下列意图的除外：

a）帮助实施了叛国罪（第309条）、颠覆共和国罪（第310条）、恐怖主义袭击罪（第311条）、恐怖主义杀人罪（第312条）、种族灭绝罪（第400条）、反人类攻击罪（第401条）、针对人群的种族隔离和歧视罪（第402条）、准备侵略战争罪（第406条）、使用禁用的作战工具或者作战方法罪（第411条）、战争虐待罪（第412条）、迫害平民罪（第413条）、劫掠军事行动区域罪（第414条）、滥用获得国际承认的标志或者国家标志罪（第415条）、滥用旗帜或者休战罪（第416条）、侵害议员罪（第417条）的人；或者

b）意图为自己或者第三人获取经济利益。

第367条 不阻止犯罪行为罪

1. 以可靠的方式知悉他人正在预备或者实施杀人罪（第140条），激情杀人罪（第141条），故意重伤罪（第145条），酷刑和其他不人道虐待罪（第149条），未获孕妇同意的非法堕胎罪（第159条），非法摘除组织和器官罪（第164条），贩卖人口罪（第168条），剥夺人身自由罪（第170条），第172条第3款和第4款的强迫移民罪，抢劫罪（第173条），劫持人质罪（第174条），第175第3款和第4款的恐吓罪，第180条第4款的非法使用个人资料罪，强奸罪（第185条），性侵害罪（第187条），利用未成年人制作淫秽物品罪（第193条），虐待被托付人罪（第198条），第205条第5款的夺取罪，第206条第5款的侵占罪，

第209条第5款的诈骗罪，第210条第6款的保险诈骗罪，第211条第6款的贷款诈骗罪，第212条第6款的补助诈骗罪，第214条第3款和第4款的赃物罪，第216条第4款的合法化犯罪所得罪，伪造或者变造货币罪（第233条），非法制作、伪造、变造支付凭证罪（第234条），违规制造货币罪（第237条），第240条第3款的少缴纳税收、捐费和其他强制支付缴费罪，第255条第4款的滥用商业信息和地位罪，第260条第5款的损害欧盟财政利益罪，违反有关军民两用的商品或者技术出口监管的法规罪（第262条），违反有关商品或者军民两用技术出口的义务罪（第263条），未获许可或者执照进行军事物资对外贸易罪（第265条），违反与签发军事物资对外贸易许可或者执照有关的义务罪（第266条），导致公共危险罪（第272条），发展、制作、持有禁用武器罪（第280条），非法制造或者持有放射性物质或者高度危险物质罪（第281条），非法制造或者持有核物质或者特种可裂变物质罪（第282条），非法制造或者处分麻醉药品、精神药品或者毒品罪（第283条），劫持航空器、民用船舶或者固定平台罪（第290条），使航空器非法出境罪（第292条），叛国罪（第309条），颠覆共和国罪（第310条），恐怖主义袭击罪（第311条），恐怖主义杀人罪（第312条），蓄意破坏罪（第314条），间谍罪（第316条），危害秘密情报罪（第317条），战事叛国罪（第320条），第323条第3款和第4款的针对公共权力机关的暴行罪，第325条第3款和第4款的针对公务员的暴行罪，受贿罪（第331条），行贿罪（第332条），第339条第2款和第3款的暴力越境罪，第340条第4款的组织或者便利非法越境罪，被关押人员叛乱罪（第344条），第361条第2款和第3款的参加有组织犯罪集团罪，第375条第2款和第3款的不服从命令罪，

第 377 条第 2 款和第 3 款的抵制军人或者强制违背军事职责罪，第 382 条第 3 款和第 4 款的侵犯平级军人的权利和受保护利益罪，第 383 条第 3 款和第 4 款的侵犯下级军人的权利和受保护利益罪，擅离职守罪（第 386 条），第 392 条第 2 款的危害军人风纪罪，种族灭绝罪（第 400 条），反人类攻击罪（第 401 条），针对人群的种族隔离和歧视罪（第 402 条），准备侵略战争罪（第 406 条），勾结外国威胁和平罪（第 409 条），使用禁用的作战工具或者作战方法罪（第 411 条），战争虐待罪（第 412 条），迫害平民罪（第 413 条），劫掠军事行动区域罪（第 414 条），第 415 条第 3 款的滥用获得国际承认的标志或者国家标志罪，但不阻止其实施或者完成的，处 3 年以下监禁；如果本法对不进行阻止的犯罪所规定的刑罚轻于上述刑罚的，处以较轻的刑罚。

2. 如果进行阻止存在巨大困难或者会使其本人或者关系密切人遭受死亡、身体伤害、其他严重损害或者刑事追诉危险的，不应当追究实施本条第 1 款所指行为的人的刑事责任。但是，使关系密切人遭受刑事追诉的危险，不能成为免除其不阻止下列犯罪之刑事责任的理由：叛国罪（第 309 条）、颠覆共和国罪（第 310 条）、恐怖主义袭击罪（第 311 条）、恐怖主义杀人罪（第 312 条）、蓄意破坏罪（第 314 条）、间谍罪（第 316 条）、种族灭绝罪（第 400 条）、反人类攻击罪（第 401 条）、针对人群的种族隔离和歧视罪（第 402 条）、准备侵略战争罪（第 406 条）、使用禁用的作战工具或者作战方法罪（第 411 条）、战争虐待罪（第 412 条）、迫害平民罪（第 413 条）、劫掠军事行动区域罪（第 414 条）和第 415 条第 3 款的滥用获得国际承认的标志或者国家标志罪。

3. 阻止犯罪也可以及时向检察官或者警察机关报告的方式

实施，军人可以替代向其上级报告。

第368条 不告发犯罪行为罪

1. 以可靠的方式知悉他人实施了杀人罪（第140条），故意重伤罪（第145条），酷刑和其他不人道虐待罪（第149条），贩卖人口罪（第168条），剥夺人身自由罪（第170条），劫持人质罪（第174条），利用未成年人制作淫秽物品罪（第193条），虐待被托付人罪（第198条），伪造或者变造货币罪（第233条），非法制作、伪造、变造支付凭证罪（第234条），违规制造货币罪（第237条），违反有关军民两用的商品或者技术出口监管的法规罪（第262条），违反有关商品或者军民两用技术出口的义务罪（第263条），未获许可或者执照进行军事物资对外贸易罪（第265条），违反与签发军事物资对外贸易许可或者执照有关的义务罪（第266条），导致公共危险罪（第272条），发展、制作、持有禁用武器罪（第280条），非法制造或者持有放射性物质或者高度危险物质罪（第281条），非法制造或者持有核物质或者特种可裂变物质罪（第282条），劫持航空器、民用船舶或者固定平台罪（第290条），使航空器非法出境罪（第292条），叛国罪（第309条），颠覆共和国罪（第310条），恐怖主义袭击罪（第311条），恐怖主义杀人罪（第312条），蓄意破坏罪（第314条），间谍罪（第316条），危害秘密情报罪（第317条），战时叛国罪（第320条），受贿罪（第331条），行贿罪（第332条），第361条第2款和第3款的参加有组织犯罪集团罪，种族灭绝罪（第400条），反人类攻击罪（第401条），针对人群的种族隔离和歧视罪（第402条），准备侵略战争罪（第406条），使用禁用的作战工具或者作战方法罪（第411条），战争虐待罪（第412条），迫害平民罪（第413条），劫掠军事行动区域罪（第

414 条）或者第 415 条第 3 款的滥用获得国际承认的标志或者国家标志罪，但不及时向检察官或者警察机关报告该犯罪的，处 3 年以下监禁；如果本法对不及时报告的犯罪所规定的刑罚轻于上述刑罚的，处以较轻的刑罚。

2．如果报告会使其本人或者关系密切人遭受死亡、身体伤害、其他严重损害或者刑事追诉危险的，不应当追究实施本条第 1 款所指的行为的人的刑事责任。

3．本条第 1 款所指的报告义务不适用于律师或者其雇员因为其辩护或者合法业务而知悉的犯罪。注册的教堂或者宗教团体的被授权行使接受告解权利的神职人员，如果因为进行告解或者行使与告解有关权利而知悉的犯罪的，也不适用该报告义务。

第十一编　危害军事义务罪

第369条　妨碍服役能力罪

1. 在平时状态下导致自己或者他人的身体状况永久或者暂时不适于或者不太适于服兵役的，处2年以下监禁。

2. 在国家紧急状态或者战争状态下实施本条第1款所指的行为的，处1年以上10年以下监禁。

第370条　不履行应征义务罪

在国家紧急状态或者战争状态下不履行应征义务或者拖延履行应征义务的，处6个月以上3年以下监禁。

第371条　逃避法定军事义务罪

1. 在国家紧急状态或者战争状态下使用欺诈手段意图获得履行军事义务豁免的，处6个月以上3年以下监禁。

2. 在国家紧急状态或者战争状态下以欺骗手段实施行为并且具有下列情形之一的，处3年以上5年以下监禁：

a）使自己全部或者部分逃避履行军事义务；或者

b）使他人全部或者部分逃避履行军事义务的。

第372条　不接受征召到军队服役罪

在紧急状态下，被依法送达征召服役令状的人在令状规定的最后期限届满后24小时内不到军队报到，并且不存在任何无法预见的合法障碍的，处1年以下监禁。

第373条　不接受征召到军队服特役罪

1. 在国家紧急状态或者战争状态下，被依法送达特别服役征召令状的人在令状规定的最后期限届满后24小时内不到军队报到，并且不存在任何无法预见的合法障碍的，处1年以上5年以下监禁。

2. 在国家紧急状态或者战争状态下，不接受基于公共秩序或者动员要求到军队特别服役的征召令状，并且不存在任何无法预见的合法障碍的，处3年以下监禁。

第374条 过失不接受征召到军队服特役罪

1. 在国家紧急状态或者战争状态下，被依法送达特别服役征召令状的人在令状规定的最后期限届满后24小时内过失不到军队报到，并且不存在任何无法预见的合法障碍的，处3年以下监禁。

2. 在国家紧急状态或者战争状态下，过失不接受基于公共秩序或者动员要求到军队特别服役的征召令状，并且不存在任何无法预见的合法障碍的，处1年以下监禁。

第十二编　军事犯罪

第一章　危害军事服从和军事荣誉罪

第375条　不服从命令罪

1. 拒绝或者故意不执行命令的，处5年以下监禁。

2. 如果具有下列情形之一的，处3年以上10年以下监禁：

a）三个以上军人实施本条第1款所指的行为的；

b）使用武器实施本罪的；

c）在可能阻止或者严重妨碍完成重要军事任务的情况下实施该行为的；

d）该行为危及军种、军事装备、军事救援单位或者国防部的其他单位的作战准备的；

e）该行为造成特别巨大的损失或者造成需要数额特别巨大的费用才能恢复的环境破坏的；

f）该行为致人重伤的；

g）该行为致人死亡的。

3. 在国家紧急状态、战争状态或者作战状态下实施本条第1款所指的行为的，处8年以上20年以下监禁或者例外刑。

4．本罪的预备，亦罚之。

第376条 过失不服从命令罪

1．过失不执行命令，因此阻止或者严重妨碍重要服役任务的履行的，处1年以下监禁。

2．如果本条第1款所指的行为造成下列后果的，处6个月以上5年以下监禁：

a）该行为严重危及军种、军事装备、军事救援单位或者国防部其他单位的作战准备的；

b）该行为造成特别巨大的损失或者造成需要数额特别巨大的费用才能恢复的环境破坏的；

c）致人重伤的；

d）致人死亡的。

3．在国家紧急状态、战争状态或者作战状态下实施本条第1款所指的行为的，处3年以上10年以下监禁。

第377条 抵制军人或者强制违背军事职责罪

1．抵制正在履行军事职责的军人，或者强迫军人违背这些军事职责的，处3年以下监禁。

2．如果具有下列情形之一的，处2年以上10年以下监禁：

a）三人以上实施本条第1款所指的行为的；

b）使用武器实施本罪的；

c）在作战状态下实施所指的行为的；

d）该行为致人重伤的。

3．如果具有下列情形之一的，处8年以上20年以下监禁或者例外刑：

a）本条第1款所指的行为导致死亡后果的；

b）在国家紧急状态或者战争状态下实施本条第2款所指的

行为的。

4．本罪的预备，亦罚之。

第 378 条　上下级军人间的侮辱罪

1．侮辱下列军人的，处 1 年以下监禁：

a）上级或者具有较高衔级的军人；

b）下级或者具有较低衔级的军人；或者

c）在其履行警卫、监督或者其他任务时侮辱平级的军人，或者当被侮辱人正在履行警卫、监督或者其他任务时对其实施此种侮辱的。

2．如果因为他人真实或者假称的种族、族群、国籍、政治观点、宗教信仰或者因为他人真实或者假称不信仰宗教而对之实施本条第 1 款所指的行为的，处 3 年以下监禁。

第 379 条　上下级军人间以暴力或者暴力威胁实施的侮辱罪

1．以暴力或者即刻的暴力威胁手段侮辱下列军人的，处 3 年以下监禁：

a）上级或者具有较高衔级的军人；或者

b）下级或者具有较低衔级的军人。

2．如果具有下列情形之一的，处 1 年以上 5 年以下监禁：

a）在其本人或者被侮辱人履行警卫、监督或者其他任务时实施本条第 1 款所指的行为的；

b）针对军事警卫人员实施本罪的；

c）使用武器实施本罪或者针对两人以上实施本罪的；

d）因为他人真实或者假称的种族、族群、国籍、政治观点、宗教信仰或者因为他人真实或者假称不信仰宗教而对之实施的；

e）行为导致身体伤害的。

第380条　平级军人间以暴力或者暴力威胁实施的侮辱罪

1. 以暴力或者即刻的暴力威胁手段，在其履行警卫、监督或者其他任务时侮辱平级军人，或者当平级军人正在履行警卫、监督或者其他任务时对其实施此种侮辱的，处2年以下监禁。

2. 如果具有下列情形之一的，处6个月以上5年以下监禁：

a）针对军事警卫人员实施本条第1款所指的行为的；

b）使用武器实施本罪或者针对两人以上实施本罪的；

c）因为他人真实或者假称的种族、族群、国籍、政治观点、宗教信仰或者因为他人真实或者假称不信仰宗教而对之实施的；

d）行为导致身体伤害的。

第381条　针对上级的暴行罪

1. 针对上级实施暴行：

a）意图对其履行军事职责产生影响；或者

b）因为其履行军事职责而实施的，处6个月以上5年以下监禁。

2. 如果具有下列情形之一的，处3年以上10年以下监禁：

a）本条第1款所指的行为致人重伤的；

b）使用武器实施本罪或者针对两人以上实施本罪的。

3. 如果具有下列情形之一的，处10年以上20年以下监禁或者例外刑：

a）本条第1款所指的行为导致死亡后果的；

b）在国家紧急状态、战争状态或者作战状态下实施该行为的。

4. 本罪的预备，亦罚之。

第382条　侵犯平级军人的权利和受保护利益罪

1. 强迫平级军人为其提供不正当的个人服务、限制其权利或者故意妨碍其履行军事服役的，处2年以下监禁。

2. 如果具有下列情形之一的，处6个月以上5年以下监禁：

a）使用暴力、暴力威胁或者造成其他严重损害之威胁实施本条第1款所指的行为的；

b）由两人以上实施该行为的；

c）因为他人真实或者假称的种族、族群、国籍、政治观点、宗教信仰或者因为他人真实或者假称不信仰宗教而对之实施的；

d）行为导致身体伤害的。

3. 如果具有下列情形之一的，处2年以上8年以下监禁：

a）以特别野蛮或者使人极度痛苦的方法或者使用武器实施行为的；

b）该行为致人重伤的；

c）在国家紧急状态、战争状态或者作战状态下实施该行为的。

4. 如果本条第1款所指的行为致人死亡的，处8年以上16年以下监禁。①

5. 本罪的预备，亦罚之。

第383条 侵犯下级军人权利和受保护利益罪

1. 强迫下级军人或者具有较低衔级的军人为其提供不正当的个人服务、限制其权利、故意妨碍其履行军事服役或者违背法律规定给予纪律处罚的，处6个月以上3年以下监禁。

2. 如果具有下列情形之一的，处1年以上5年以下监禁：

a）使用暴力、暴力威胁或者造成其他严重损害之威胁实施本条第1款所指的行为的；

---

① 2009年8月7日第306/2009号法律修正。

b）由两人以上实施该行为的；

c）因为他人真实或者假称的种族、族群、国籍、政治观点、宗教信仰或者因为他人真实或者假称不信仰宗教而对之实施的；

d）行为导致身体伤害的。

3．如果具有下列情形之一的，处 3 年以上 10 年以下监禁：

a）使用特别残忍的方法或者武器实施本条第 1 款所指的行为的；

b）该行为致人重伤的；

c）在国家紧急状态、战争状态或者作战状态下实施该行为的。

4．如果本条第 1 款所指的行为致人死亡的，处 8 年以上 16 年以下监禁。①

5．本罪的预备，亦罚之。

第二章　危害军事服役义务罪

第 384 条　逃避服役罪

1．在紧急状态下意图逃避服役而损害健康、假装生病、伪造文书、滥用致瘾物质或者使用其他欺诈手段的，处 3 年以下监禁。

2．如果在国家紧急状态、战争状态或者作战状态下实施本

① 2009 年 8 月 7 日第 306/2009 号法律修正。

条第 1 款所指的行为的，处 8 年以上 20 年以下监禁或者例外刑。

第 385 条　过失逃避服役罪

在紧急状态、战争状态或者作战状态下，过失使用致瘾物质使其不能服役的，处 1 年以上 5 年以下监禁。

第 386 条　擅离职守罪

1．意图逃避军事服务而擅离职守的，处 1 年以上 6 年以下监禁。

2．如果使用武器实施本条第 1 款所指的行为的，处 3 年以上 10 年以下监禁。

3．如果在国家紧急状态或者战争状态下实施本条第 1 款所指行为的，处 8 年以上 20 年以下监禁或者例外刑。

4．本罪的预备，亦罚之。

第 387 条　擅离部队罪

1．不请假离开部队或者超期不返回部队的，处 1 年以下监禁。

2．擅离部队期间超过 3 日，或者在过去 1 年内曾因本罪所指的行为被予以纪律处罚又再次擅离部队并且期间超过 24 小时，或者正在履行特别重要的任务时擅离部队期间超过 2 日，或者在国外服役时擅离部队期间超过 24 小时的，处 3 年以下监禁。

3．擅离部队期间超过 15 日，或者正在履行特别重要的任务时擅离部队期间超过 6 日，或者在国外服役时擅离部队期间超过 3 日的，处 6 个月以上 5 年以下监禁。

第三章　危害警卫、管理或者其他职责罪

第388条　逃避警卫、管理或者其他职责罪

1. 意图逃避警卫、管理或者其他职责而损害健康、假装生病、伪造文书、利用致瘾物质或者使用其他欺诈手段的，处2年以下监禁。

2. 如果在国家紧急状态、战争状态或者作战状态下实施本条第1款所指的行为的，处1年以上10年以下监禁或者例外刑。

第389条　违背警卫职责罪

1. 正在履行警卫或者其他类似职责的人违背（即使出于过失也不例外）关于该职责的条例、规则或者为此而发布的专门条例的，处3年以下监禁。

2. 如果具有下列情形之一的，处2年以上10年以下监禁：

a）在履行具有特别重要的国家意义或者重要的军事意义的安全警卫任务时实施本条第1款所指的行为的；

b）严重违背其职责实施该行为的；

c）该行为导致的危害后果阻止所指向的警卫任务或者其他类似任务的履行的；

d）在国家紧急状态或者战争状态下实施本罪的。

3. 在作战状态下故意实施本条第1款所指的行为并且具有第2款所指的情节的，处8年以上20年以下监禁或者例外刑。

4．本罪的预备，亦罚之。

第390条　违背管理职责罪

1．正在履行管理或者其他类似职责的人违背（即使出于过失也不例外）关于该职责的条例或者规则的，处1年以下监禁。

2．如果本条第1款所指的行为造成其有义务阻止的特别严重的后果的，处2年以下监禁。

3．如果在作战状态下故意实施本条第1款所指的行为的，处1年以上5年以下监禁。

第391条　违背领空防卫职责罪

1．违背（即使出于过失也不例外）有关维护领空安全的设施的职责规则的，处3年以下监禁。

2．如果本条第1款所指的行为造成其有义务阻止的特别严重的后果的，处2年以上10年以下监禁。

3．如果在国家紧急状态或者战争状态下实施本条第1款所指的行为并且造成其有义务阻止的特别严重的后果的，处8年以上20年以下监禁或者例外刑。

4．本罪的预备，亦罚之。

第四章　危害军队战备罪

第392条　危害军人风纪罪

1．煽动军人不履行军事服役或者违背上级，或者严重或者持续地违反军事纪律的，处3年以下监禁。

2. 在国家紧急状态、战争状态或者作战状态下实施本条第1款所指的行为的，处3年以上20年以下监禁或者例外刑。

3. 本罪的预备，亦罚之。

第393条　军人违背职责罪

1. 不履行根据服役种类赋予武装部队的职责（即使出于过失也不例外），严重降低军事物资的可适用性的，处2年以下监禁或者剥夺资格。

2. 未经许可将价值较大的军用物资用于非预定用途，或者同意他人进行此种使用，或者滥用或者允许部属超越职权范围滥用此种物资的，处3年以下监禁、剥夺资格或者没收财物或者其他物品。

3. 如果具有下列情形之一的，处2年以上8年以下监禁：

a）通过该行为为自己或者第三人获取数额巨大的利益的；

b）故意实施本条第1款或者第2款所指的行为，削弱了军队的作战能力或者造成了其他巨大损失的。

4. 如果具有下列情形之一的，处8年以上20年以下监禁或者例外刑：

a）故意在国家紧急状态、战争状态或者作战状态下实施本条第1款或者第2款所指的行为的；

b）行为造成特别巨大的损失的。

5. 本罪的预备，亦罚之。

第394条　面对敌人表现怯弱罪

在作战状态下因为怯弱或者失去勇气而投降成为战俘的，处5年以上20年以下监禁。

第395条　不执行作战任务罪

1. 在作战状态下未经允许离开服役地点的，处5年以上20

年以下监禁。

2. 在作战状态下逃避履行作战任务之义务或者拒绝使用武器的，处10年以上20年以下监禁。

3. 本罪的预备，亦罚之。

第396条　遗弃军用物资罪

1. 在作战状态下丢弃、遗弃武器或者其他作战工具或者使之无法使用的，处5年以上12年以下监禁。

2. 如果本条第1款所指的行为削弱了军队的作战能力或者造成了其他巨大损失的，处8年以上20年以下监禁。

3. 本罪的预备，亦罚之。

第397条　将部队或者军用物资交付敌人罪

1. 非出于帮助敌人的目的，指挥官在作战状态下将其士兵、军事设备、军事技术、技术装备交付给敌人的，处5年以上20年以下监禁。

2. 本罪的预备，亦罚之。

第五章　危害安全部队成员职责罪

第398条　安全部队成员违反职责罪

1. 不履行赋予安全部队的职责（即使出于过失也不例外），严重降低武器、装备或者其他物资的可适用性的，处2年以下监禁或者剥夺资格。

2. 未经许可将价值较大的本条第1款所指的物资用于非预

定用途，或者同意他人进行此种使用，或者滥用或者允许部属或者下级超越职权范围滥用此种物资的，处 3 年以下监禁、剥夺资格或者没收财物或者其他物品。

3. 如果具有下列情形之一的，处 2 年以上 8 年以下监禁：

a）通过本条第 2 款所指的行为为自己或者第三人获取数额巨大的利益的；

b）故意实施本条第 1 款或者第 2 款所指的行为造成巨大的损失的。

4. 故意实施第 1 款或者第 2 款所指的行为造成特别巨大的损失的，处 3 年以上 10 年以下监禁。

5. 本罪的预备，亦罚之。

第 399 条 共同规定

对安全部队成员适用关于不服从命令罪（第 375 条）、过失不服从命令罪（第 376 条）、上下级军人间的侮辱罪（第 378 条）、上下级军人间以暴力或者暴力威胁实施的侮辱罪（第 379 条）、平级军人间以暴力或者暴力威胁实施的侮辱罪（第 380 条）、针对上级的暴行罪（第 381 条）、违背警卫职责罪（第 389 条）和违背管理职责罪（第 390 条）的规定。

第十三编　反人类罪、危害和平和战争罪

第一章　反人类罪

第 400 条　种族灭绝罪

1. 意图全部或者部分灭绝某一种族、族群、民族、宗教、阶级或者其他类似群体，而实施下列行为的，处 12 年以上 20 年以下监禁或者例外刑：

a）使该群体处于某种生活状况下，以毁灭其全部或部分成员的生命的；

b）施行意图阻止该团体内的生育的措施的；

c）强制转移该团体的儿童至另一团体的；或者

d）导致该群体的成员重伤或者死亡的。

2. 如果公开煽动实施本条第 1 款所指的行为的，处以与前款相同的刑罚。

3. 本罪的预备，亦罚之。

第 401 条　反人类攻击罪

1. 大规模或者有组织地针对平民实施下列侵害的，处 12 年

以上 20 年以下监禁或者例外刑：

a）人口灭绝；

b）奴役；

c）流放或者强制迁移人口；

d）强奸、性奴役、强制卖淫、强制怀孕、强迫绝育或者其他类似形式的性暴力；

e）基于政治、种族、民族、族群、文化、宗教、性别或者其他类似原因的迫害；

f）种族隔离或者其他类似的隔离或者歧视；

g）剥夺自由、放置于不明场所或者附随于非自愿失踪的其他限制人身自由的行为；

h）酷刑；

i）杀人；或者

j）其他类似性质的不人道行为的。

2. 本罪的预备，亦罚之。

第 402 条 针对人群的种族隔离和歧视罪

1. 针对群体实施种族隔离或者族群、民族、宗教、阶级的隔离或者其他类似的歧视的，处 5 年以上 12 年以下监禁。

2. 如果具有下列情形之一的，处 10 年以上 20 年以下监禁或者例外刑：

a）本条第 1 款所指的犯罪使某一群体陷入困难的生活条件下的；或者

b）该行为使某些人遭受不人道或者有辱人格的对待的。

3. 本罪的预备，亦罚之。

第 403 条　发起、支持、宣传以压制人的权利和自由为宗旨的团体罪

1．发起、支持、宣传明确以压制人的权利、自由为或者鼓吹种族、族群、民族、宗教、阶级仇恨或者针对其他人群的仇恨为宗旨的团体的，处 1 年以上 5 年以下监禁。

2．如果具有下列情形之一的，处 3 年以上 10 年以下监禁：

a）利用报刊、电影、无线电广播、电视、公共计算机系统或者具有类似效果的其他工具实施本条第 1 款所指的行为的；

b）作为有组织犯罪集团的成员实施所指的行为的；

c）军人实施该行为的；

d）在国家紧急状态或者战争状态或者作战状态下实施本罪的。

3．本罪的预备，亦罚之。

第 404 条　对以压制人的权利和自由为宗旨的团体表示支持罪

公开对本法典第 403 条第 1 款所指的团体表示支持的，处 6 个月以上 3 年以下监禁。

第 405 条　否认、质疑、赞同、美化种族灭绝罪[①]

公然否认、质疑、赞同、美化纳粹、共产主义或者纳粹、共产主义的种族灭绝或者其他反人类罪行的，处 6 个月以上 3 年以下监禁。

① 译者按照原文译出，不代表译者的立场。——译者注

第二章 危害和平和战争罪

第 406 条 准备侵略战争罪

准备将捷克共和国卷入其中的侵略战争，并且使捷克共和国面临战争危险的，处 12 年以上 20 年以下监禁或者例外刑。

第 407 条 煽动侵略战争罪

1. 公然煽动将捷克共和国卷入其中的侵略战争、为此种战争进行宣传或者以其他方式支持此种战争宣传的，处 5 年以下监禁。

2. 如果具有下列情形之一的，处 2 年以上 10 年以下监禁：

a）在需要向官方备案才能举行的集会上实施本条第 1 款所指的行为的；

b）利用报刊、电影、无线电广播、电视、公共计算机系统或者具有类似效果的其他工具实施行为的。

3. 本罪的预备，亦罚之。

第 408 条 共同规定

下列行为不构成准备或者煽动侵略战争罪：

a）在捷克共和国遭受进攻威胁或者履行与反侵略共同防御有关的国际条约义务所必须时宣布进入战争状态的；

b）捷克共和国参加其作为成员国的国际组织的防卫机制的；

c）在捷克共和国议会或者捷克共和国政府表示同意的情况下，捷克共和国军队在领域外部署或者外国军队在捷克共和国领域内部署布署的。

第409条　勾结外国威胁和平罪

1. 捷克共和国公民或者获准在捷克共和国永久居留的无国籍人，亲自或者通过第三人与外国势力建立或者保持联系，意图引起或者针对捷克共和国或者其他国家的战争或者军事行动的，处3年以上12年以下监禁。

2. 如果本条第1款所指的行为造成下列后果的，处10年以上20年以下监禁或者例外刑：

a）严重危及捷克共和国或者其他国家的国际地位的；

b）严重危及捷克共和国或者其他国家的存立的。

3. 本罪的预备，亦罚之。

第410条　违反国际制裁罪

1. 大规模违反作为联合国或者欧盟成员国的捷克共和国有义务遵守的为维护或者恢复国际和平和安全、保护人权、打击恐怖主义所制定的命令、禁令或者限制的，处3年以下监禁或者罚金。

2. 如果具有下列情形之一的，处6个月以上5年以下监禁：

a）本条第1款所指的行为造成巨大的损失的；

b）通过该行为为自己或者第三人获取数额巨大的利益的。

3. 如果具有下列情形之一的，处3年以上8年以下监禁：

a）与跨国有组织犯罪集团协同实施本条第1款所指的行为的；

b）意图为自己或者第三人获取数额特别巨大的利益而实施本罪的；

c）行为造成特别巨大的损失的；

d）严重危及捷克共和国或者其他国家的国际地位的；

e）该行为严重扰乱国际和平和安全或者保护人权和反恐怖主义的措施的。

第 411 条 使用禁用的作战工具或者作战方法罪

1. 在战争、其他武装冲突或者作战状态下实施下列行为的，处 2 年以上 10 年以下监禁：

a）命令使用禁止的作战工具或者类似性质的物质，或者使用该种工具或者物资的；或者

b）命令实施以禁止的作战方法进行的作战，或者亲自指挥以禁止的作战方法进行的作战的。

2. 违反有关战争或者其他武装冲突的工具或者方法的国际法规定，故意实施下列行为的，处以与前款相同的刑罚：

a）以军事行动危害平民或者其生命、健康、财产，或者出于报复目的针对平民进行攻击的；

b）针对不设防地点或者非军事化区域进行攻击的；

c）毁灭或者破坏水坝、核电站或者包含危险能量的类似设施的；或者

d）毁灭或者破坏用于人道主义目的的设施或者获得国际承认的文化或者自然遗产，或者将这些财产或者遗产用于军事目的的。

3. 如果本条第 1 款或者第 2 款所指的行为造成下列后果的，处 8 年以上 20 年以下监禁或者例外刑：

a）致人重伤的；

b）致人死亡的。

4. 本罪的预备，亦罚之。

第 412 条 战争虐待罪

1. 在战争或者其他武装冲突中违反国际法规则，不人道地

虐待不抵抗的平民、难民、伤员、已经放下武器的敌军成员或者战俘的，处5年以上12年以下监禁。

2．在战争或者其他武装冲突中，以下列方式违反国际法规则的，处以与前款相同的刑罚：

a）不采取有效措施保护需要帮助的人（尤其是儿童、妇女、伤病员）或者阻碍这些措施的施行的；或者

b）阻止或者妨碍敌方、中立国或者其他国家的民防组织执行人道主义任务的。

3．如果本条第1款或者第2款所指的行为造成下列后果的，处8年以上20年以下监禁或者例外刑：

a）致人重伤的；

b）致人死亡的。

4．本罪的预备，亦罚之。

第413条　迫害平民罪

1．在战争或者其他武装冲突中实施种族隔离，或者实施基于种族、族群、民族、宗教、阶级的或者其他的歧视的行为，或者以使用暴力或者威胁使用暴力手段恐吓无抵抗的平民的，处5年以上15年以下监禁。

2．在战争或者其他武装冲突期间有下列行为的，处以与前款相同的刑罚：

a）毁灭或者严重破坏占领区或者缓冲区内的平民的生活必需品来源，或者故意不向民众提供生存所必需的帮助的；

b）无合理理由耽误遣返平民或者战俘的；

c）无合理理由在占领区内迁移或者驱逐平民的；

d）在占领区定居其本国的人口的；

e）怂恿儿童武装服役的；或者

f）故意剥夺平民或者战俘通过公正的司法程序被判决有罪的权利的。

3. 如果本条第1款或者第2款所指的行为造成下列后果的，处10年以上20年以下监禁或者例外刑：

a）致人重伤的；

b）致人死亡的。

4. 本罪的预备，亦罚之。

第414条 劫掠军事行动区域罪

1. 在作战行动区域、冲突地区、受作战行动或者武装冲突影响的地区、被占领区实施下列行为的，处8年以上20年以下监禁或者例外刑：

a）劫掠阵亡者或者以其他方式占有他人的财物或者其他财产利益的；或者

b）随意毁灭、破坏、拿走、藏匿、滥用他人的财产的。

2. 本罪的预备，亦罚之。

第415条 滥用获得国际承认的标志或者国家标志罪

1. 在国家紧急状态、战争状态、作战或者其他武装冲突中，滥用红十字会标志、国际法规定用于医疗机构、交通工具、医疗救助或者撤离的其他识别标志或者旗帜的，处2年以上8年以下监禁。

2. 在战争或者其他武装冲突中，滥用联合国机构的标志、旗帜或者中立国或者非冲突当事方的其他国家的旗帜，或者政府或者军队的标志、徽章、制服的，处以与前款相同的刑罚。

3. 如果本条第1款或者第2款所指的行为造成下列后果的，处5年以上20年以下监禁或者例外刑：

a）致人死亡或者重伤的；

b）行为造成特别巨大的损失的；

c）武装冲突或者其他类似性质冲突中的交战双方或者其他各方的报复措施的。

4．本罪的预备，亦罚之。

第416条　滥用旗帜或者休战罪

1．在战争或者其他武装冲突中，滥用非冲突当事方的其他国家的旗帜、政府或者军队的标志、徽章、制服的，处1年以上5年以下监禁。

2．在战争或者其他武装冲突中，滥用宣布休战或者休战旗的，处2年以上8年以下监禁。

第417条　侵害议员罪

侵害议员或者其随从或者非法羁押这些人员的，处5年以下监禁。

第三章　共同规定

第418条　上级的责任

1．部属实施种族灭绝罪（第400条）、反人类攻击罪（第401条）、准备侵略战争罪（第406条）、煽动侵略战争罪（第407条）、使用禁用的作战工具或者作战方法罪（第411条）、战争虐待罪（第412条）、迫害平民罪（第413条）、劫掠军事行动区域罪（第414条）、滥用获得国际承认的标志或者国家标志罪（第415条）、滥用旗帜或者休战罪（第416条）、侵害议员罪

（第417条）的，如果对该行为人行使权力或者实施控制的军事上级或者其他上级不预防该犯罪的实施、不阻止该犯罪的实施、不报告该犯罪或者不将其交付给负责惩罚的机关的（即使出于过失也不例外），应当承担刑事责任。

2. 军事上级或者其他上级的刑事责任和罪过，适用有关部属的刑事责任和罪过的规定。

第三卷　过渡规定和最后条款

第 419 条　过渡规定

在本法典生效日期之前所适用的刑罚，如果本法典认为该行为不再构成犯罪的，剩余的刑罚不应再执行。在此种情况下，不适用数罪并罚的规定。如果针对该行为和并合处罚的其他犯罪适用总和或者合并的刑罚的，法院应考虑本法典生效之后不再以犯罪论处的行为和合并处罚的其他犯罪行为各自的危害程度相应地减轻该刑罚。

第 420 条　废止

下列法律予以废止：

1. 第 140/1961 号法律“《刑法典》”。

2. 第 53/1963 号法律“关于修正《刑法典》第 203 条的法律”。

3. 第 56/1965 号法律“关于修正和补充《刑法典》的法律”。

4. 第 148/1969 号法律“关于修正和补充《刑法典》的法律”，此后又被第 45/1973 号法律修正。

5. 第 45/1973 号法律“关于修正和补充《刑法典》的法律”，此后又被第 175/1990 号法律和第 290/1993 号修正。

6. 第175/1990号法律“关于修正和补充《刑法典》的法律”，此后又被第265/2001号法律修正。

7. 第545/1990号法律“关于修正和补充《刑法典》的法律”。

8. 第557/1991号法律“关于修正和补充《刑法典》的法律”。

9. 第253/1997号法律“关于修正和补充《刑法典》的法律”，此后又被第140/1961号法律修正。

10. 第92/1998号法律“关于修正和补充《刑法典》的法律”。

11. 第96/1999号法律“关于修正《刑法典》的法律”。

12. 第327/1999号法律“关于修正《刑法典》的法律”。

13. 第405/2000号法律“关于修正《刑法典》的法律”。

14. 第139/2001号法律“关于修正《刑法典》的法律”。

15. 第134/2002号法律“关于修正《刑法典》的法律”。

16. 第91/2004号法律“关于修正《刑法典》的法律”。

17. 第692/2004号法律“关于修正《刑法典》的法律”。

18. 第320/2006号法律“关于修正《刑法典》的法律”。

19. 第343/2006号法律“关于修正《刑法典》的法律”。

20. 第271/2007号法律“关于修正《刑法典》的法律”。

21. 第165/1950号法律“关于维护和平的法律”，此后又被第140/1961号法律修正。

22. 第120/1962号法律“关于反酗酒的法律”，此后又被第37/1989号法律修正。

23. 第482/2002号法律“关于在北大西洋公约组织布拉格峰会期间加强捷克共和国领空保护以及修改《刑法典》的法律”。

24. 第72/1997号政府法令“关于确定《刑法典》中所指的合成代谢类固醇和其他具有类似效力的物质范围的法令”。

25. 第10/1999号政府法令“废止192/1988号政府法令‘关于毒品和有害健康的其他物质以及《刑法典》所指的毒品的含义的法令’”，此后又被第114/1999号政府法令修正。

26. 第114/1999号政府法令“关于《刑法典》所指的毒品、传染病和害虫的含义的法令”，此后又被第40/2002号政府法令和第444/2003号政府法令修正。

第421条 生效

本法典自2010年1月1日起施行。